職場でのキャリア・カンバセーションの実践書

会話から はじまる キャリア開発

ビバリー・ケイ／ジュリー・ウィンクル・ジュリオーニ [著]

佐野シヴァリエ有香 [訳]
株式会社ヒューマンバリュー

CAREER CONVERSATIONS
ORGANIZATIONS NEED
AND EMPLOYEES WANT

成長を支援するか、
辞めていくのを傍観するか

HUMAN VALUE

CONTENTS

小さい頃から
得意だったことは
何ですか？

自分の人生や仕事において、
最も大切にしてきたことは
何ですか？

強く思い入れのある
テーマや課題には、
どんなものがありますか？

最も大切にしている
価値観を３つ挙げて
みていただけますか？

どんなことを学ぶのが
好きですか？

「もっと時間があれば」と
感じるのは、何をしている
ときですか？

もし働かなくてよい
としたら、どんなふうに
過ごしますか？

避けたくなってしまう
ような仕事には、
どんなものがありますか？

To Do リストの下に
追いやってしまうような
タスクは、何ですか？

自分の強みが、時には
弱みに変わってしまう
ことはありますか？

これまでの仕事の経験の
中で、最も好きだったのは
どんなことですか？

あなたがもっと成長する
ために、何か１つだけ
変えることがあるとしたら
どんなものでしょうか？

どんなことをつまらない
と感じますか？

どんな職場環境・場所だと、
働きやすく、パフォーマンス
を発揮できますか？

どんなことが
トリガーになって
ストレスを感じますか？

最大限の力を発揮
できるのは、どのような
環境だと思いますか？

自分自身は、キャリア・
ゴールをどのように
定義しているでしょうか？

どんな力を高めたり、
活用したいですか？

目次

訳者まえがき

　「キャリア開発」という言葉を聞くと、どんなことが思い浮かぶでしょうか。たとえば、数年に一度、階層別に行われるキャリア研修や、人事プロセスに沿って、よく理解もせずにメンバーに記入してもらうキャリアシート、あるいは、決められているので仕方なく行うキャリア面談の中で、何を話したらいいのかさっぱりわからないまま、裁量もないのにメンバーの異動希望を聞く…。そんなふうに苦い感情を抱いている人もいらっしゃるかもしれません。本書は、そうしたキャリア開発に対する誰もが抱きがちな画一的・形式的なイメージを大きく刷新し、マネジャー、メンバー、そして組織の未来にとって、本当に価値のある生きた営みへと変革していくための示唆を与えてくれます。

　本書では、多くの人にとって漠然としているキャリア開発というものに対して、「他者の成長を支援すること。それ以上でも以下でもない」といったシンプルな定義が提示されています。そして、その中核を成すのが、マネジャー・メンバー間で行われる「会話（カンバセーション）」であるとし、会話が梃子になって、キャリア開発をより本質的なものにしていく方法が描かれています。

　制度、プロセス、裁量の有無にとらわれることなく、メンバー自身の強みやビジョンを認め、心から向き合い、成長を支援することができたら…。そして、一人ひとりの成長を、組織のさらなる成功につなげることができたら…。そんな想いをもつ方々にお読みいただきたい本です。

キャリア観のシフトを支援する

　本書の背景には、近年のビジネス環境の変化に伴い、キャリアの捉え方の変化もより顕著になってきていることが挙げられます。

　以前は、キャリア開発といえば、自分の能力やスキル、志向性を分析し、理

想的な仕事や役割を探し求める営みをイメージする人が多かったかもしれません。しかし、変化のスピードが速く、将来がなかなか見通せない現在において、役割やポジション、特定のキャリア・パスといった固定的なゴールをもち、計画的にキャリアを歩んでいくことが難しくなってきています。昇進するためのポジションにも限りがあったり、組織が置かれている状況、求められるスキルや行動も変化し続けるからです。働き方についても、フリーランスや契約社員など、これまで一般的だった正社員とは違う雇用形態で、所属する組織を限定しない働き方を志向する人も増加しています。働く人の価値観も多様化しており、従業員一人ひとりを既存のキャリア・パスに当てはめることが、ますます困難になってきました。

　また、特に若い人たちの仕事観にも変化が見られます。たとえば、仕事と人生についてこれまでになく統合して考えるようになり、「どう働きたいか」が「自らの人生をどう生きたいか」ということと、近しい意味で語られるようになってきています。2000年以降に社会人となったミレニアル世代や、それに続くZ世代は、社会的意義を感じられる組織で働きたいと願っているという研究結果（ギャロップ社、2019年）が発表されていたり、それに類似している研究も多数見受けられます（デロイト社、コーン・フェリー社等）。仕事とプライベートを切り分けて、天秤にかけるような働き方をやめ、働くことの意味を長い人生の一部として捉え直したとき、仕事はある目的地に向かうための手段ではなくなります。自らの人生の目的を実現するために経験を重ね、成長していくプロセスこそが、働くことと同義のように語られるようになってきているのです。

　こうした変化から、キャリアの捉え方も、社会的・一般的にステータスが高いと認知される仕事や、組織内で特定の役職やロールモデルを目指すといった「外的キャリア」よりも、自らがどんなことを大切にして働き、何を実現したいのか、どんな価値を生み出したいのかといった内面の目的意識やビジョンをもとに仕事を意味づけていく「内的キャリア」が重要視されるようになってきたといえます。内的キャリアを育むことができれば、外側の環境や状況に依存することなく、また、役割やポジションの変更がなくても、目の前の仕事や経験を自分なりに意味づけることができ、もっと多様で、その人らしい成長を支援することが可能になります。

　本書では、こうしたキャリア観のシフトを後押しする重要な役割を担うのが、

メンバーに最も近い立場にあるマネジャーであると語られています。そして、その具体的な方法として、キャリア・カンバセーションが提案されており、メンバーのキャリア・ビジョンと目の前の仕事とのつながりを見つける支援を行うことで、一人ひとりの内的キャリアが育まれ、自身のキャリアにオーナーシップをもてるような成長を促すことができるとしています。

　本書は、ジョブ型の雇用が一般的といわれる米国で記されたものであり、日本と米国では、文化やビジネス慣習が異なり、キャリアの捉え方にも違いもありますが、著者の問題提起の中には、日本の私たちが直面している課題も多くあり、皆さんも共感する部分があると思います。たとえば、組織内の年代バランスによって、十分に能力があっても適切なポジションが用意できなかったり、従業員同士が昇進・昇格を競い合うような形になってしまうといった企業の声は、実際に聞かれることがあります。また、新卒一括採用や「就社」と呼ばれる従来の日本特有の慣習からは、内的キャリアの探求を行う機会が少なく、自らの働く意味を探求し、オーナーシップをもってキャリアを歩んでいくことが、他国と比べて難しくなっている可能性があります。そうした中、本書で提案されているようなキャリア開発のあり方やその背景にあるメッセージは、日本で働く私たちにも多くの示唆を与えてくれるものと確信しています。

キャリア開発に関連するテーマのトレンド：
第2版における進化

　著者の一人である、ビバリー・ケイ博士は、キャリア開発やエンゲージメントのレジェンドといわれる存在で、企業のコンサルティングや執筆活動に力を注ぎながら、人事・人材開発に関する世界最大の会員制団体であるATD (Association for Talent Development) と長年にわたって協働関係を築いてきました。毎年行われるATDの年次カンファレンスでは、「キャリア開発」や「成長」といったテーマについてとてもシンプルにひも解き、参加者を勇気づけるメッセージを発信し続けており、近年は日本でも広く知られている人物です。ケイ博士はこれまでもキャリア開発に関する書籍を多数出版していますが、今回はデザイン・アラウンズ社のジュリー・ウィンクル・ジュリオーニ氏とパートナーを組んで、本書を執筆・上梓しました。

　本書は 2012 年に出版された初版ではなく、2019 年の第二版を日本語に翻訳したものです。第二版では、初版を出版してから 7 年の間に起きた社会や働く人々の変化を反映した形で加筆・変更がなされています。第二版発刊の際に加筆・変更された箇所から、キャリア開発に関わるテーマにどのような変化が起きているのかを見てみると、著者がいま読者に特に伝えたいメッセージが浮かび上がってくるのではないかと思います。

　まず、冒頭で触れたような社会、人々の価値観、雇用のあり方が変化したことに合わせて、所々書きぶりが変更されています。特にギグ・ワーカーなど、従来にはなかった雇用形態で働く人が増加したことによって、新たなスキルや知識を獲得し、成長できる機会を提供してくれる組織に所属したいと考える人が増えてきている点に触れられており、組織やマネジャーが直面している課題が変わってきていることがわかります。

　次に、2010 年ごろから米国企業を中心に始まったパフォーマンス・マネジメント革新の動きを踏まえた内容の変更が行われています。このムーブメントでは、目標や成果について話し合う機会が年に一度しかないような、現在のビジネスのスピードに合わない旧来的な評価制度やパフォーマンス管理のあり方を批判し、「頻繁かつ継続的な会話（カンバセーション）」を、マネジャー・メンバー間で日常的に行うことによって、個人や組織としてより高いパフォーマンスの発揮を支援することを目指しています。その背景には、組織が従業員に従順さや勤勉さを求め、「管理」することで、本来、人がもつ創造性や多様性を奪ってしまうのではなく、一人ひとりの想いやモチベーションに寄り添い、主体性を育んでいくようなマネジメントのあり方こそが、正解の見えない中で、組織がより輝いていくために重要であると認識され始めてきたことがあります。

　このようにマネジメントのあり方が変化していく中で、組織の中でマネジャーが担う役割も従来とは異なってきています。高い専門性や豊富な経験をもとに、明確なゴールやプロセスを提示し、メンバーを管理する役割から、マネジャーが答えを提示するのではなく、チームに問いを投げかけ、メンバー一人ひとりが最大限のパフォーマンスを発揮できるようなコーチングや成長支援を行うといった役割が求められるようになってきています。そうしたマネジメントのあり方やマネジャーの役割の変化は、本書で語られるキャリア・カンバセーションの背景にある哲学とも共通点が多く、つながりをもって語られています。

そして、第二版には、個人のキャリアの話にとどまらず、「成長を支援し合える組織のカルチャーを育んでいくには」という視点が付け加えられていることが、今日的であり、興味深いポイントです。今日の働く人々のニーズや価値観に適応するためには、本人やその上司・マネジャーだけで向き合うのではなく、組織全体としてのマインドセットの転換や環境づくりが求められています。組織で働く多くの人が、自身や周囲の人々のキャリアや成長に高い関心をもち、互いの強みや課題を認め合い、価値を生み出すことに注力できるカルチャーを醸成することが、個と組織のキャリア観のシフトを促進するという、組織変革的な視点も含まれているといえます。

　また、成長を支援するカルチャーがあるかどうかが、従業員のエンゲージメントやリテンションにも大きく影響するといえます（このことは、原書のタイトル「Help Them Grow or Watch Them Go（成長を支援するか、辞めていくのを傍観するか）」＜邦訳版の副題＞からも見て取ることができます）。初版では、業界や組織の現状を踏まえた個人のキャリア・カンバセーションの実践に関する内容のみでしたが、新たに追加された章（第10章）のすべてを割いて、組織内で互いの成長を支え合えるカルチャーづくりためのヒントが紹介されています。

　本書では、著者らが込めた、人が成長しいきいきと働き続けることへの想い、そして、マネジャーとメンバーが向き合い、シンプルに会話をはじめることの価値について、初版と変わらず感じることができます。また、初版の発刊から7年経った今、組織が社会やビジネス環境の変化に適応し、さらに成長し続けていくために、キャリア開発の重要性がますます高まっている中、そうした変化を捉えた変更が加わることで、読者にとってもより説得力のある内容になっているのではないかと思います。

これからの人と組織の関係性

　最後に、本書のテーマはキャリア開発のあり方を変えていくことですが、それは言い方を換えると、「人と組織の関係性を再構築すること」なのかもしれません。

　本書では、「組織が所属メンバーの成長に責任をもつ」とか、「組織が成功す

るためにメンバーの成長が犠牲になる」といった主従関係ではなく、個人と組織が共に成長し合う対等な存在としての関係が描かれています。それは、第二版で副題が変更されているところからもうかがえます。初版の副題が「Career Conversations Employees Want（メンバーが求めているキャリア・カンバセーション）」であるのに対し、第二版では「Career Conversations Organizations Need and Employees Want（組織が必要とし、かつメンバーが求めているキャリア・カンバセーション）」となり、個人と組織の両者が対等な関係のもとで、相互に成長していくことを重視しているのがわかります。自らが実現したいことと組織のビジョンにつながりをみつけ、個々のメンバーが多様な「成長」を遂げることで、組織がさらに成長していく…。本書ではそんな人と組織の新しい関係性についての気づきも提供してくれているように感じられます。

　身近なメンバーとのキャリア・カンバセーションの具体的な実践から、マネジメントのあり方、組織と個人の関係性まで、さまざまなメッセージが込められている書籍です。本書が、読者の皆さまが今後探求したいテーマを見出すきっかけとなり、学びを実践する中で、メンバーや組織がさらなる成長を遂げ、そしてご自身がより自分らしく成長する一助となることを願っています。

INTRODUCTION

人材育成の誤解

　人材育成や人の成長を支援すること。それらは健康に気を使った食事や、適度な運動のようなものです。

　人を育成することや成長を支援することは良いことで、取り入れるべきだとみんなわかってはいるのです。それでも、ほとんどのマネジャーが、まったく実践できていなかったり、思うようには頻繁にできていないというのが現状です。

　毎年のように行われる従業員調査によると、自らのキャリアに十分なサポートが得られていないと感じる人が年々増えています。同時に、どの業界、どの地域、どの階層のマネジャーも、この重要な仕事に期待されているコンピテンシーや自信が、自分には足りないと感じています。

もしも・・・

- 他の業務を犠牲にすることなく、もっと簡単かつ頻繁に、メンバーが求めているキャリア開発の支援に注力することができたら？
- 自らのキャリアに対して、メンバーがもっとオーナーシップをもってくれたら？
- キャリア開発が、分断されたタスクとして膨大なチェックリストに加わるのではなく、業務の一部に組み込むことが可能だったら？

　マネジャーにとっても、メンバーにとっても、これらは夢物語ではありません。実現可能なことなのです。だからこそ、私たちはこの本を執筆することにしました。

成長を支援するか……

　この本の初版を書いてから7年が経ち、キャリア開発はこれまで以上に重要になってきました。今日のビジネス環境においても、人材が差別化の大きな武器であることに変わりありません。人工知能などの発展が進むにつれて、人間にしかできない仕事があり、その代わりはないのだということを、私たちは理解し始めています。その結果、能力を最大限に発揮できるように人を育成することは、どんな組織にとっても避けることのできない、戦略的にも重要なテーマとなりました。

　また、人材育成は従業員のエンゲージメントに最も影響を与える要因の1つといわれており、組織が生き残り、成功を収めるために必要となるビジネス成果である、収益・利益・イノベーション・生産性・顧客ロイヤルティー・品質・サイクルタイムの短縮などを生み出す際の鍵となります。

　一方で、キャリア開発の現実は、進化し続けるビジネス環境に応じて変化し続けています。ベビー・ブーマー世代はますます長生きし、その分長く働くようになっています。ポスト削減や人員削減といった引き締めの施策は、尽きることがありません。目標にできるようなマネジメントのポストも、どんどん少なくなってきています。また最近では、チームで仕事をすることが多くなってきています。派遣労働者の数も増えています。こうしたことが影響して、これまでのような機会がなくなってきているような感覚を生んでしまうのです。だからこそ、キャリア開発がこれまで以上に重要で、より複雑になってきているのです。

辞めていくのを傍観するか……

　危険を承知で、育成という仕事を忘れてみたらどうなるでしょうか。自らのキャリア開発への支援が得られていないと感じる人が、毎日のように組織を去る決断を下すでしょう。より良い成長機会を提供してくれる他の組織に転職するために、辞めていく人もいるでしょう。自分にはフリーランスの生活が合っていると判断し、さまざまなプロジェクトを経験しながらキャリアを歩む人もいるかもしれません。

　また、離職者と同じくらい心配しなければならないのは、仕事へのエンゲージメントやモチベーション、熱意をなくしてしまってもなお、組織に残り続ける人たちです。

　こうしたすべてのことが、非常に重要なのです。経済学者たちは、拡大し続けるスキルギャップや移民政策の改正、人口の変化といったものから、長期的な労働力不足を予測しています。人口の増加を目指している都市は、お金を払ってまで人々の移住を促すことを検討しています。覚悟はいいですか。人々を組織につなぎとめるというのは、簡単な道のりではありません。マネジャーは夜も眠れなくなるでしょう（もし、まだ眠れているならの話ですが…）。

誰を育成するのか？

　2012年にこの本の初版を執筆したとき、広く「従業員」という言葉を使って、部下やメンバーのことを表現していました。しかし、たった数年で、こんなに大きな変化が生まれるとは驚きです。今日、フルタイムの従業員というのは、労働人口全体の半分を少し上回る程度です。その他の労働者は、パートタイマー、契約社員、コンサルタント、インターンといったさまざまな人々で構成されます。このような従来とは違った形態で働く「ギグ・ワーカー」と呼ばれる人たちは、経済や雇用において大きな影響を及ぼしています。

　新しい形態の労働者人口が増える中、組織やマネジャーは効率性や公平性といった難しい問題に取り組んでいます。そうした問題にシンプルで前向きなソリューションを提供しましょう。それは、すべての人を育成するということです！　成長へのアプローチをもっと寛大で、多くの人に向けたものにシフトすべき時なのです。ここで、あなたはきっとこんなふうに考えているでしょう。

▶ ギグ・ワーカーは、しばらくすれば組織を離れていってしまうのでは…。
▶ 契約社員はスキルアップだけして、どこかへ行ってしまうのでは…。
▶ しかし結局、フルタイムの従業員にも同じことがいえるのでは…。

終身雇用や退職のお祝いとして受け取る金時計も、今となっては過去の話となってしまいました。誰しもそのことをよくわかっています。今日、働く人々は

終身雇用に代わって、スキルや知識、経験といった、自らを守ってくれるものを探しているのです。こうしたものを提供しても長くいてくれる保証はありませんが、一緒に働く間はより貢献してくれるようになるでしょう。また、競争の激しい労働市場で、魅力的な就職先としてのブランディングを確立することができるでしょう。

　本書では、「従業員」や「メンバー」という言葉を引き続き使用しますが、これを「すべての人」と読み替え、本書で紹介する考え方を、雇用状況に関係なく、共に働くどんな人に対しても当てはめて考えてみることを強くお勧めします。

組織や従業員が求めるキャリア・カンバセーション

　それでは、マネジャーは何をすべきでしょうか。やることはたくさんあります。ですが、想像するよりも簡単かもしれません。

> **質の高いキャリア開発**というのは、
> 最終的には**質の高いカンバセーション**に帰着します。

　本書を通して、あなたのキャリア開発に関する考え方を再構成していただけたらと願っています。皆が自らのキャリア開発に責任をもち、マネジャーはそれを促し、アドバイスを送り、振り返り、アイデアを探求し、情熱を刺激し、アクションを促すといった役割を担うことになります。こうした役割を担う際には、キャリア開発に関して実際に何かに取り組むというよりは、メンバーそれぞれのキャリアや成長について話し合うことが中心になってきます。

　本書では、他者の成長を支援するためのカンバセーションについて、考えるためのフレームワークを提供します。このフレームワークには、3つのタイプのカンバセーションがあります。「これまでについて」「これからについて」「インサイト」の3つです。

　▶「これまでについて」のカンバセーションでは、自分自身の過去や内面を見つめ、自分が何者なのか、どこから来たのか、何を志向して、何を得意

としているのかなどを明らかにすることを支援する会話です。第3章と第4章では、他者が一歩踏み出す際に過去を振り返るための質問やアイデアをご紹介します。

▶「これからについて」のカンバセーションは、未来、周囲や環境の変化、トレンド、変わり続ける社会の動きに目を向けることができるようにデザインされています。第5章では、短い時間でより価値が生み出せるような、簡単でわかりやすいツールを提供しています。

▶第6章〜8章では、「これまでについて」と、「これからについて」のカンバセーションから浮かび上がってきた「インサイト」を活用することに焦点を当てます。その人の強みは、組織や業界の将来にどのように生かせるでしょうか。成長したり、パフォーマンスを上げるために努力できるところはどこでしょうか。「キャリアの成功」とは何かについて、新たな定義を獲得するのをどのようにサポートしたらよいでしょうか。取り組むべき業務の中で、ユニークな経験や成長の機会になりそうなことはどれでしょうか。

▶しかし、スピードの速いビジネスの中で、どうやってすべてのことを実現できるのでしょうか。第9章では、意識の向上や日々のカンバセーションを通して、仕事の中で成長したり、日々の業務の中に育成を組み込んでいく方法についてご紹介します。

▶第10章では、本質的かつ長期的なキャリア開発を育むカルチャーについての議論とともに本書を終えています。

この本の読み方

ここまで、順調に読み進めてくださっていると思います。ここでは、本書を最大限に活用するために、いくつかの考え方をご紹介します。

この本は、他者を育成するという役割をもっている、すべての人のために書かれました。その役職名は組織によって異なります。スーパーバイザー、マネジャー、ディレクター、チームリーダー、部長、CEOなどです。経験豊富な経営者から、初めてそのような役割を担う現場のリーダー、現場からスタッフ部門、営利組織から非営利組織のリーダー、中小企業の社長も含まれています。

これまでの読者からは、本書で紹介している考え方は家庭における育児や人生といったプライベートな部分にも活用できるという声もありました。

　本書では、人の成長に関わるさまざまな人々の総称として「マネジャー」という言葉を使いますが、この言葉が出てきたら、自分のことだと思ってください。

　この本には、従業員が求めているキャリア・カンバセーションのすべてが詰まっています。ですから、従業員の声をたくさん引用しています。これらは実在する従業員の声であり、著者の私たちが語るより、ずっと雄弁に大事なことを語ってくれています。この人たちは、非現実的な期待をもって不満ばかり語る人たちではありません。あなたが、その仕事ぶりを頼りにし、組織で長く働いてほしいと願っている人たち、耳を傾けるべき意見をもった堅実な人たちなのです。

試してみましょう

この本には、従業員を育成する際に使える質問やアクティビティがたくさん紹介されています。「試してみましょう」という見出しをつけていますので、読んでみてください。キャリア・カンバセーションを実施する予定があれば、実践に向けてこのセクションに目を通し、この本を脇に抱えて臨めば、準備は万端です。

あなたはどうでしょうか？

あなたも従業員の一人ですよね？　そして、もし多くのマネジャーと似た状況であれば、あなたもきっと、部下のために必要なことは行っているけれど、自分自身に対してそれが必ずしもできていないという、板挟みの状態を経験していることでしょう。この本を読み進めていくと、「良い考えだけど、自分はどうなの？」と考えてしまうかもしれません。答えは、「自分で自分を育成しましょう！」です。

本書で紹介されているツールや質問は、非常にフレキシブルなものになっています。「あなた」を「私」に読み換えれば、自己発見のツールや設問に変わるでしょう。職場や家庭で、自分の答えを誰かと振り返ってみるのもよいでしょう。新鮮な目が加

わると、ヒントや異なる観点、新しい気づきが見つかるかもしれません。他者のスキル開発をサポートすることに注力する際、自分勝手だと思う必要はありません。学びを自分自身や自分のキャリアにも適用することを恐れないでください。

～～～～～～～～～～～～～～～～～～～～～～～～～～～～

　この本では、各章を「もしも…」という文章で終えたいと思います。マネジャーはビジネス成果を上げることに責任を負っているため、しっかりと地に足を着けなければならないことは理解しています。ですから、地に足が着いた状態で、少し時間を取って、どんなことが起こり得るだろうかという可能性に想いをはせてみてください。

もしも…

- この本を読み進める中で、ここに紹介されているアイデアを1つや2つだけでも試してみたら、どうなるでしょう？

　きっと彼らは成長するでしょう。

第1章

成長できないなら、辞めます！

Develop Me
or I'm
History!

毎週 40 時間、60 時間、80 時間も費やすのであれば、意味のある時間にしたいです。何かしら前に進んでいるように感じていたいのです。もしここで成長できないのであれば、他を探すしかありません。

― 従業員 (あなたのメンバーかもしれません)

　今の時代にマネジャーになるということは、同時に、現代のビジネスが抱える大きな課題に最前線で直面することでもあります。つまり、日々以下のようなことが求められるのです。

　少ない労力で、より多くのことを成し遂げなければなりません。これは、すでに当たり前のようにいわれていることであり、職場で広く浸透していることと思います。今日のマネジャーは、以前は想像できなかったようなレベルまで、コスト、時間といったリソースの削減に関しては、卓越していることでしょう。

　これまで経験したことがないほど、不確実で複雑な環境や出来事において、ビジネスの舵取りをしなければなりません。自分が知っていることより、知らないことのほうが多い時代なのです。さらに、ますます予測不可能となる環境においてさえも、周囲からは明確な指示や進むべき方向を示すように求められるでしょう。

　高まり続ける期待に応えなければなりません。四半期ごとに、目標が少しずつ (時には大幅に) 高まり続けます。たとえば、さらなる売上高や顧客接点数、プロジェクト数の増加、成果の向上といったように。

　継続的な品質改善。これまで良しとされてきた水準では、十分ではありません。今日のグローバル市場での競争では、完璧であることが当たり前に求められます。完璧になるまで、改善し続けなければならないのです。

　次なるイノベーションを生み出さなければなりません。組織は前進していなければ、後退しているのだと考えている人は少なくありません。さらなる成功を約束するものの象徴として、イノベーションがもてはやされているのです。
　そして、あなたがどれほど長く、熱心に、賢明に働いても、すべてを一人で

完結させることはできないのです。成功というのは、誰もがもてる最大の力を出し切れるかどうかにかかっています（＜誰もが＞というのは、正規社員のことだけではありません。ギグ・ワーカー、派遣社員、契約社員やコンサルタント、インターンやエクスターン＊といった人々も含むようになってきました）。そのため、今日の成功は、一人ひとりが組織に貢献するために、能力、エンゲージメント、スキルを、常に高め続けられるかどうかに懸かっているのです。

　そして、素晴らしいマネジャー、つまり常に卓越したビジネス成果を生み出すような高い能力をもち、柔軟でエンゲージメントが高いチームをつくっているようなマネジャーは、あるたった1つの性質を共通してもっているということが、多くの調査から明らかになっています。それは、優秀なマネジャーはキャリア開発の重要性を理解しているということです。

　　＊エクスターンシップを行う人のこと。エクスターンシップとは、学生が興味のある分野で活
　　　躍している人の仕事ぶりを観察して学ぶこと。就職活動の一部として、数カ月に渡って責任
　　　を伴った仕事を行い、スキルを身に付けることを目的として行われるインターンシップとは、
　　　異なるものとされている。

> キャリア開発が、ビジネスの成果を生み出すための
> **ツール**として認識されることは少ないですが、
> 間違いなく、**マネジャーが自らの力で**
> 影響を及ぼすことができる領域なのです。

「過去」からの教訓

　不況の中でも、優秀で聡明なメンバーは選択肢をもっています。育成を怠ると、そのようなメンバーはどこか別のところで才能を発揮するようになるでしょう。「過去の人」となってしまうのです。しかし、人材の流出と同じくらいダメージが大きいのは、エンゲージメントがないのに、組織に残り続ける従業員かもしれません。エンゲージメントのない従業員は、毎日職場に姿は見せますが、コミットメントはありません。

　キャリア開発が、生産性の向上、費用削減、リテンション、品質改善、イノベーション、利益といった、組織が最も必要としている結果を生み出すことができるツールだとしたら、なぜ誰も活用しないのでしょうか。

「キャリア開発」という言葉の定義

　活用されずに忘れ去られているのは、もしかしたら、キャリア開発という言葉がマネジャーに恐怖心を与えているからかもしれません。

あなたはどうでしょうか？

あなたにとって、キャリア開発とは、どんな意味をもっていますか？　キャリア開発という言葉には、どんなものが含まれているでしょうか？　キャリア開発におけるあなたの役割は何でしょうか？

　どんな答えであっても、きっと本書の答えのほうがシンプルでしょう。多くのマネジャーが、キャリア開発に恐怖心を抱き、避けたがります。それは、マネジャー自身が、キャリア開発を時代遅れで、間違いだらけの、大げさなものとして定義づけをしてしまっているからです。
　では、この定義だといかがですか？

> **キャリア開発**とは、他者の**成長を支援**すること。
> それ以上でも以下でもありません。

　成長を支援する方法は無限にあります。従業員が新たな役割や、より責任のある役割を担うことになった際に、その準備や移行プロセスを支援するということもありますが、目に見えないくらい小さなところで起こる成長のほうが、もっと一般的なのです。こうした日々の小さな成長が、仕事の中での大きなチャレンジや関心、満足感を知らぬ間に生み出していくのです。
　キャリア開発と聞くと、書類やチェックリスト、締切などを連想してしまいがちなのが問題です。実際のところ、重要な人的資源の計画や管理を行うためには、こうしたやり方やプロセスに沿ってもらう必要もあるでしょう。しかし、細々とした事務的なプロセスはキャリア開発の本質ではありません。残念ながら、こういった事務的なプロセスが、真のキャリア開発というアートを覆い隠してしまっていることが非常に多く見られます。

　本質的で、有意義な、そして長期的なキャリア開発というのは、人間同士の会話（カンバセーション）という行為を通じて起こります。

　フォーマルなIDP（Individual Development Plan：個人の開発計画）面談であれ、日々のちょっとした会話であれ、従業員にとって最も重要なのは、カンバセーションの質なのです。従業員は、カンバセーションの質によって、マネジャーのパフォーマンスや自らの成長機会を判断しているのです。また、カンバセーションの質によって、組織を去るか残るか、またはエンゲージしないまま残り続けるかを決めているのです。

　では、キャリア開発が人と話すことであるならば、なぜそんなにシンプルであるにもかかわらず、組織の中で活用されないのでしょうか。

> キャリアとは、
> **短いカンバセーション** を重ねることで、
> **時間を掛けて** 開発されるものです。

凝り固まったキャリア開発の神話

　これまで、マネジャーの発言やうわさ話によって、キャリア開発に関するいくつかの神話が広まってきました。これらの「神話」（できない理由・言い訳と読みます）こそが、皆が求めているようなキャリア・カンバセーションからマネジャーを遠ざけてきたのです。どれがあなたにとってなじみがある神話でしょうか。

神話1 ── ただただ時間がない。

　今日のマネジャーが最も足りないと感じているリソースが時間であることは疑いがありません。しかし、現実に目を向けてみましょう。おそらく、メンバーとはすでに1日中会話をしていませんか。その時間の一部を使って、キャリア・カンバセーションを行ってみたら、どうなるでしょうか。

神話2 ── こちらから取り上げなければ、従業員があらためてキャリアを考え

23

ることもなく、現状維持ができる。

「どうしてわざわざ問題を生み出す必要があるのか。育成をすれば、人が去っていき、今うまくいっている体制のバランスが崩れる可能性もあるのに」と考えているかもしれません。しかし、それは間違いなのです。マネジャーがキャリアを取り上げても上げなくても、メンバーはすでに自らの成長について考えています。キャリア・カンバセーションをしないということは、現状を維持するというよりは、維持できなくなる危険を冒しているのです。

神話3 — メンバーが自らのキャリアに責任をもつべき。キャリア開発はマネジャーの仕事ではない。

マネジャーがメンバーのキャリア開発に責任をもっているという人はいないでしょう。メンバーがオーナーシップをもつ必要があるのは間違いありません。でも、だからといって、マネジャーが関与しなくてよいということではありません。マネジャーは、メンバーが自らのキャリアに責任をもつことを支援するという、重要な役割を負っているのです。そして、その役割というのは、主に会話を通して果たされるのです。

神話4 — 誰もが昇進や昇給、高い地位や大きな権力を求めている。

もしこの神話を信じているとしたら、キャリア開発というのは誰も得をしない、やっかいなコンセプトになってしまうでしょう。役職や給与というのは、非常に限られたものです。そうしたものを誰もが求めているとしたら、キャリア・カンバセーションを行ってもメンバーをがっかりさせたり、モチベーションを下げる可能性があるため、マネジャーがキャリアに関する会話を避けてしまうのは無理もありません。しかし、こうした前提が完全に間違いであることが、研究からわかりました。マネジャーとのキャリア・カンバセーションでどんなことを明らかにしたいかについて、メンバーに聞いたところ、最も多かった回答が「自分の才能を生かすクリエイティブな方法」だったのです。

神話5 — 人材育成は、すでに自らのキャリア計画を立てているような、ハイポテンシャル人材に集中することが最も効果的である。

これは責任逃れといえるでしょう。もちろん、ハイポテンシャル人材の育成は大きな効果を発揮するでしょう。しかし、ハイポテンシャル人材というのは、

組織の 10% にも満たないのです。一方、10% のローパフォーマーには、また別の育成計画があります。では、実際に仕事を回している、組織の大多数にあたる 80% の人は、キャリア開発を自分で行わないといけないのでしょうか。この 80% の人たちにほんのわずかな支援を行ったら、組織にどんな成長がもたらされるか想像してみてください。

多くのマネジャーにとって、こうした神話の中には、真実だと感じるものもあるかもしれません。ページを折るなり、印をつけて、本書を読み終えた後に、この部分を読み返せるようにしておきましょう。自らの役割に対する見方が変われば、キャリア開発やこうした神話についても、違った見方ができるようになるでしょう。

それまで、これだけは覚えておいてください。「ビジネスを成長させるということは、人を育てるということ」です。そのことを忘れてしまったら、その後どうなってしまうかは、おわかりですよね。

もしも・・・

- キャリア開発に対する考え方を変えられたら？
- 成長を支援するということが、メンバーとの会話くらい簡単なことだったら？
- 成功とメンバーの成長を妨げてしまうような神話を、マネジャー自身が覆すことができたら？

第2章

ちょっと話せますか？

Can We Talk?

私は現実主義なので、マネジャーに時間が足りないことも、他に大事な仕事がたくさんあることもわかっています。私のキャリアは、マネジャーにとってはそんなに大事じゃないことはわかっています。でも、いいんです。「自分のキャリアは自分で責任をもつように」ということですよね。ただ、時々立ち止まって、自分の進む道について一緒に考えてくれる人がいればいいと思ってしまいます。

ー従業員（あなたのメンバーかもしれません）

　マネジャーの多くは、キャリア開発を蔑ろにしているわけではありません。ただ、仕事をたくさん（時には自分の担当外のものでさえ）引き受けたり、役割を拡大し続けることに慣れてしまったのです。メンバーのキャリア開発も、増え続ける（他を圧迫する）タスクの1つとなってしまっているのです。

　メンバーの成長を支援するという役割について、一から考え直すことができたらどうでしょうか？　いつも後回しにしてきたキャリア開発というタスクを、メンバーにもオーナーシップをもってもらうように見直すことができたら？マネジャーとして、メンバーのためにあれこれとお膳立てするのではなく、メンバーに刺激やアドバイスを提供したり、振り返りや探求を促したり、わくわくすることを共に見つけたり、行動を促したりといったことに、もっと注力できたら？

　考えてもみてください。実際はそうあるべきなのです。こうしたことこそが、自らのキャリアにオーナーシップをもってもらうためのサポートなのです。また、こうしたやり方であれば、忙しい日々の中でも、キャリア開発を取り入れることができるでしょう。

　他者の成長を支援するというシンプルな行為が、どういうわけか、非常に複雑になってしまいました。面倒な手順やチェックリスト、そこに参考資料も加わり、さらにそれが増え続けている、といった具合では、避けたくなっても不思議はないですよね？

　しかし、優秀なマネジャーは複雑な情報の中でも、メンバーが本当に必要としているものを見つけ出すことができるのです。それは、ご想像よりもずっと基本的なことなのです。

　「どうせサボってしまう人たちのために、育成プログラムを工面するのにうんざりしていました。自分がメンバーのためにやっていると思っていた仕事が、

求められていないものだということがやっとわかりました。私がメンバーの育成計画を一人で編み出してしまったら、彼らは自らの成長にオーナーシップをもたなくなります。だから、道を譲ることにしたのです。今では、メンバーに寄り添い、成長について話し合い、可能性を探求し、彼らが自分自身で考え抜くための支援はしますが、アイデアを実行に移すときには、メンバー自身に主導権をもってもらいます。それは、メンバー本人の仕事なのです」

—マネジャー（物流業）

長い間、キャリアについてのカンバセーションは信用できないといわれてきましたが、それは真実ではありません。

有能なマネジャーは、メンバーのために何かをするよりも会話をすることで、その役割を果たしてきました。そのようなマネジャーは、怠け者なのではなく、戦略家なのです。カンバセーションの力を理解しているため、他者のモチベーションを高め、成長を促すことができるのです。

カンバセーションは、綿密に練られた育成計画よりずっとメンバーの心に届きます。内省やコミットメントを促すのに、言葉以外、何もいらないのです。カンバセーションを通して、メンバー自らがアクションを生み出し、そのアクションに責任をもち、それぞれにとっての「成功」の意味を見つけ出していくことができます。

カンバセーションこそが、キャリア開発のすべてなのです。

「行動は相手との関わりの中から生まれる」
—ダグラス・コナン、元キャンベルスープ CEO、『タッチポイント（TouchPoints）』
（邦題『リーダーの本当の仕事とは何か』）の著者

本質的なキャリア開発というのは、書類を作成したり、新しい役割を与えたり、昇進の根回しをすることではありません。むしろ、マネジャー・メンバー間で質の高いカンバセーションを行うことなのです。質の高いカンバセーションは、

▶ 洞察と気づきを与えてくれます
▶ 生かせる機会や可能性を探求します
▶ 従業員が自ら行動を起こすことを促します

> 育成に関していえば、**「話をする」**ということが、
> マネジャーが行う仕事の中で最も価値があり、
> 結果を生み出すものなのです。

「一度やれば OK」は時代遅れ

　急速に変化し続けるビジネスに応えるため、長年継続されてきた（時間の無駄ともいえる）さまざまな慣例を見直す組織が増えてきました。たとえば、かつてはマネジメントの中心となっていた人事考課が廃止されるなど、いろいろな形に再構築されています。

　では、キャリア開発はどうでしょうか？　マネジャーの多くは、ビジネスのスピードに合わせて業務をこなさなければならず、半年に1回、または年に1回のキャリア・カンバセーションでさえ、行う時間が奪われてしまったように感じているかもしれません。

　しかし、そのこと自体は問題ではありません。むしろチャンスなのです。メンバーと長い面談を行って、キャリアに関する問題を一度にすべて解決し、かつ結果を出す必要がなくなるのですから。実際、少ないほうが効果的なことも多いのです。

> 「数年経ってみて、毎年の育成プロセスが何を連想させるのかに気がつきました。新年の抱負です！　計画を立てることに夢中になり、しばらくは気にしながら過ごすのですが、すぐにどこかにしまい込んでしまうのです。そして次の年が来ると、互いの愚かさを笑い合い、また新たな抱負を誓うのです」
>
> ─マーケティング・ディレクター

　キャリア開発を、事務的なチェック項目やスケジュールに沿ったタスクから、継続的なカンバセーションへと再定義してみると、生かせそうな機会が訪れたときの柔軟性や成長の可能性が一気に高まります。

短いほど豊かなカンバセーション

どんな会話も、キャリア・カンバセーションにすることができます。長い時間話したからといって、良いカンバセーションであるとは限りません。カンバセーションの目的は思考を促すことです。

あなたならどうしますか？

従業員と**2時間**の面談を行い、年間の**キャリアプラン**を立てますか？

or

年間を通して、月に1回**10分間**のカンバセーションを行い、同じことを成し遂げますか？

計算してみましょう。同じ 120 分の会話を、小さく、手軽なサイズで実践しているだけなのです。

時間が足りないという状況も後押しとなり、頻繁に短いカンバセーションを繰り返し、継続的に行うことで、これまでと同じ（あるいは、より多くの）テーマを網羅しようとするマネジャーや組織が増えてきています。そうすることで得られる効果には説得力があります。

▶ 短いカンバセーションは、今日のビジネスのスピードに合っています

▶ 頻繁で、継続的なダイアログを行うことで、メンバーに対して、そして育成に対してのマネジャーのコミットメントを示すことができます

▶ カンバセーションを繰り返し行うことで、気づき、洞察、行動が自然と生まれやすくなります。

▶ 継続的に行うので、（フォーマルな面談が行われるまで忘れてしまうのと違って）育成や成長について忘れることがありません

▶ 頻繁なやりとりが育成に対するエネルギーを維持し、成長を加速させ、組織が従業員の学習や成長を重要視していることを示すことができます

これを「会話埋め込み型」と呼ぶ人もいれば、「その場」「その瞬間」で実践するキャリア開発という人もいます。私たちは、これを長年の課題に対する今

風の解決策と呼んでいます。短く、焦点を絞った、継続的なキャリア・カンバセーションは、リアルな機会にあふれている仕事の中で行われるため、マネジャーにとってもメンバーにとっても効率的なのです。

アンバランスを目指す

これまで経験した会話の中で、最も興味をそそり、魅力的だった会話を思い出してみてください。おそらく、ほとんどの時間、自分の話をしていたのではないでしょうか。もしくは、会話のボールが行ったり来たりして、全員が平等に話すことができたのではないでしょうか。今回は、そうした会話についてはいったん忘れてみましょう。

キャリア・カンバセーションは、メンバーの話に多くの時間を費やすため、完全にアンバランスなものになります。うまくいっているカンバセーションでは、90％の時間はメンバーが話をしているでしょう。マネジャーが10％以上の時間を使ってしまっているのであれば、メンバーの成長に対して責任を負い過ぎており、キャリアのオーナーシップを奪ってしまっている可能性が高いといえます。

このアンバランスを実現するには、マネジャーに特別なスキルが必要になります。それは、質の高い問いを投げかけることです。

> 「初めて出会った本当の意味でのマネジャーは、私の思考を促し、答えを探
> 求したくなるような質問をしてくれました」
>
> ―スーパーバイザー、財務・会計

キャリア開発がカンバセーションの中で行われるのであれば、その中心となるのは問いでなければなりません。

入念に考えられ、適切なタイミングで投げかけられた問いによって事が起こるのです。問いかけることで、

▶ 内省、ポジティブなもやもや、インサイト、アイデア、アクションを促します

▶ メンバーが会話の中心となります

▶ 質問者が相手を尊重し、大切にしていることが伝わります

▶ 成長のオーナーシップが従業員にあることを再認識させてくれます

　問いの価値を信じてやまないために、本書では 100 もの質問例を紹介しています。

> マネジャーが **答え** をもっている必要はありません。
> むしろあってはならないのは、
> マネジャーが **問い** をもたないことです。

好奇心を育てる

　問いというのはとても強力なツールです。そこに好奇心が加われば、無敵の組み合わせが生まれます。

　しかし、実際に好奇心というのは、子どものときのように、それほど簡単に、自然に生まれてくるものではありません。

　時間が足りなかったり、情報にあふれていたり、何でもすぐに検索するカルチャーによって、自分が知りたいと思っているものにフォーカスを絞り過ぎてしまうことがあります。

　原因が何であれ、好奇心があれば、情報を手に入れられるだけではなく、そうした傾向を克服するために大きな役割を果たしてくれます。

　リーダーが相手に心から興味をもっていれば、相手はそれに気づき、きちんと反応してくれます。自分たちが大切にされている、価値を感じてもらえている、重要な存在だと感じられている。これらすべてが、関係性を深め、リテンションや成果を高めることにつながるのです。

次のクイズに答えて、あなたの好奇心の強さを判定してみましょう。

あなたはどうでしょうか？

相手に対して、話をよく聴いているふりをすることはできても、自分自身の好奇心を偽ることはできません。以下の質問に答えて、自分の好奇心指数（Curiosity Quotient：CQ）を測ってみましょう。

どのように展開するかわからないような会話も、ためらわずに始められる。	□はい　□いいえ
判断や疑いを保留することができる。	□はい　□いいえ
思ってもみなかった方向に会話が進み、驚かされることがあるのは当たり前である。	□はい　□いいえ
状況を改善したり、問題を解決したいという欲求を保留することができる。	□はい　□いいえ
たいていの場合、他者の発言に心から興味をもっている。	□はい　□いいえ
何かがわからないときに、それを認めることを恥ずかしいと感じない。	□はい　□いいえ
「正解」をもたずに質問をするほうだ。	□はい　□いいえ
みんなが何にモチベーションを感じるのか知ることでわくわくする。	□はい　□いいえ
何かにためらいを感じたり、もっと学びたいと感じたときには、深く掘り下げて探求したいと思う。	□はい　□いいえ
初めて会った人のことを知るのが楽しい。	□はい　□いいえ
会話の中で、誰かのリードに従うのも平気だ。	□はい　□いいえ
人というのは面白く、複雑だと思う。	□はい　□いいえ

　４つ以上の質問に「いいえ」と答えた人は、好奇心をもっと育てていく必要がありそうです。頑張り屋さんであれば、「いいえ」が１つでも改善の余地があると考えるでしょう。

　好奇心は、現代ビジネスの世界では最も気づかれにくく、過小評価されている、リーダーシップ・コンピテンシーの１つかもしれません。考えてみてください。学んだり、理解を深めるために、心から相手の話を聞けたとしたら、どんなことができるようになるでしょうか。周囲の人と、会話をしながら可能性を探ることができたら、何が起きるでしょうか。新たな視点や純粋な好奇心をもってこれまでの関係性や課題を見つめることができたら、どんなイノベーションやブレークスルーが起きるでしょうか。

　周りの人、状況、カンバセーションに好奇心をもって関わる力を高めると、

自らのエネルギーや情熱、他者との関係性、ビジネス成果にも良い影響が生まれるでしょう。キャリア・カンバセーションの質が高まることは、言うまでもありません。

インパクトを高めるためのポイント

他者との会話により好奇心をもって向き合うために、好奇心を育てるための4つのポイントをご紹介します。

コントロールを手放しましょう

好奇心をもつということは、よくわからないことにも慣れることです。他者に興味をもち、カンバセーションが上手なマネジャーは、うまく進むかわからないカンバセーションにも好奇心をもって向き合い、答えのわからない問いを投げかけることができます。好奇心をもつということは、マネジャーがもっている正解にたどり着くようにサポートすることではありません。自らが会話を支配するのではなく、相手のリードに従ってカンバセーションを行うことなのです。好奇心があれば、何とかなると思ってコントロールすることを手放し、必要なことが起こると信じていられるでしょう。また、そのほうが、マネジャーがリードするよりずっとうまくいくでしょう。

評価・判断を保留しましょう

正直に答えてください。あなたは相手が話し始めて何秒ほどで、その人が誰で、どんな人で、何を伝えようとしているのかを判断しているでしょうか？職場には、評価や懐疑心があふれています。日々時間に追われていることも、要因の1つかもしれません。もしくは、本能的な判断を信用し過ぎてしまっているからかもしれません。しかし、ここでは理由はさほど重要ではありません。むしろ大事なのは、好奇心と評価や判断は共存できないということです。常に相手に興味をもっているような素晴らしいマネジャーは、判断を保留する術を身に付けています。人や物事を自分になじみのある枠組みに押し込めたりする

ことなく、会話に集中するのです。そうしたマネジャーは、評価や判断をすることなく、相手のストーリーを聞くことの価値を、また、特に育成の場面ではそれが重要であることを、十分に理解しているのです。

つい「課題解決」したくなる自分を黙らせましょう

マネジャーになる人は皆、課題解決に素晴らしい力を発揮します。しかし、課題解決力というのは使い過ぎてしまうと、周囲への好奇心を妨げたり、時にはまったく無くしてしまうという危険をはらんでいます。良かれと思って、解決策を提示したり、中途半端な育成計画を作り出すマネジャーは少なくありません。しかし、周囲を巻き込んだほうがより相手の成長を促し、またそのプロセスから、マネジャー自身も多くを学ぶことができるのです。

ヒントを見逃さないようにしましょう

好奇心をもってメンバーに接する優秀なマネジャーは、情報を受け身で「消費」するようなことはしません。相手と積極的に関わります。相手が発信するシグナルやヒントを見逃さず、受け取ったときにはそれを掘り下げようとします。シグナルというのは、感情が乗った言葉だったり、相手の表情、少しの間や戸惑い、何らかのリアクションだったりします。これらはすべて、深く掘り下げたり、フォローアップをしたり、「たとえば？」と聞いてみたり、もう少し詳しく教えてもらうチャンスなのです。これらのヒントは道路標識のようなもので、マネジャーがキャリア・カンバセーションを好奇心や目的をもって実施するための道しるべとなってくれるでしょう。

いくら良い問いを用意しても、無関心のまま投げかけるのであれば、マネジメント研修に行ってきたばかりだということを、相手に知らせているだけでしかありません。

逆に、好奇心をもって質の高い問いを投げかければ、人生を変えるような会話が生まれるのです。

結論を求め過ぎない

　質問することに注力しているときにも、マネジャーが答えをすべてもっている必要はないということを覚えておいてください。また、従業員が答えをもっている必要もありません。むしろ答えをもっていないことで、思考やエネルギーがより豊かになるということも、実際あるのです。

　ロシアの心理学者ブルーマ・ツァイガルニク（Bluma Zeigarnik）によると、人間は完了していないもののほうがより記憶に残る一方、結論が出ていないことで、心理的に不安を感じてしまう人が多いそうです。会話が完結していないことに対して不安になり、質問や課題にフォーカスし続けるのです。（「The Retention of Completed and Uncom-pleted Actions」＜仮訳：完了および未完了行動の保持＞、『心理学研究』、1927 年）

　では、この科学的事実が、育成にどのように関係してくるのでしょうか。自分の中で答えが出ていないような、難しい問いを投げかけたり、カンバセーションを行うことにためらいを感じてしまうマネジャーは多いでしょう。しかし、答えをもっていないからといって、会話を始めることをためらう必要はもうありません。むしろ、まったく逆なのです。答えが簡単に見つからないような問いを投げかけたり、メンバーがしばらく考えを巡らせるような刺激的な問いでカンバセーションを終えてみましょう。

　すべてのカンバセーションを、立派な包装紙にリボンをつけて、ラップアップする（終える）必要はないのです。

> 結論を求め過ぎてはいけません。
> **未完成の会話**、それによってメンバーは考え続け、
> 自ら **行動を生み出す** ことができ、
> 成長へとつながるのです。

試してみましょう：オープンエンドで終える

会議やカンバセーションを問いで終えてみましょう。「議論する時間はないけれど、私がずっと考えていることです」と話してみましょう。次にその人（たち）と一緒

になったとき、その問いを覚えているかどうか、聞いてみましょう。きっと問いを覚えているだけでなく、それに対する自分なりの回答を考えてきてくれていることに驚かされるでしょう。

「これまでについて」「これからについて」「インサイト」の カンバセーション

　アンバランスで、好奇心にあふれ、結論のないカンバセーションというのはどういうものなのでしょうか。きっと想像以上のことが起こるはずです。私たちは、キャリア・カンバセーションをあまりにも狭く考え過ぎています。たとえば、役割、昇進、ストレッチな業務といったキャリア・アップをするためのアクションを想像しがちです。これらも重要なことですが、従業員とのカンバセーションで扱うものの中の、ほんの一部でしかありません。

　年間のスケジュールに組み込まれた長時間の面談であっても、短い双方向の会話であっても、相手のキャリア・ゴールの達成をサポートするには、3つの分野についての探求を促す必要があります。「これまでについて」「これからについて」「インサイト」の3つです。

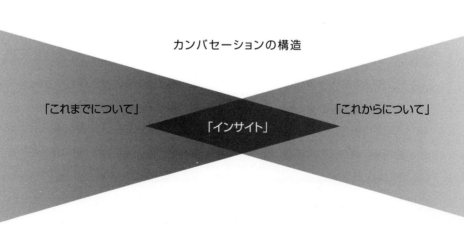

カンバセーションの構造

「これまでについて」　　　　　　「これからについて」
「インサイト」

　「これまでについて」　過去を振り返って、メンバーがこれまでどんな経験をしてきて、どんなことに情熱を感じ、何を得意としているのかといったことについて、より深い理解を得るパートです。ここでは、自己認識が重要になって

きます。加えて、他者からのフィードバックがあれば、自己認識が補正され、より明確になってくるでしょう。過去を振り返って自己を見つめたり、他者の視点を取り入れるこのパートは、前進するためには欠かせないパートです。

「これからについて」 より広い視野で周囲の環境やビジネスを俯瞰し、どんな変化が起きているのか、それらは未来にとってどんな意味があるのかを探求していくパートです。誰からも求められないような方向にキャリアを進めたいと思う人はいません。だからこそ、「これからについて」を探求することが重要なのです。

「インサイト」 自分がどんな経験をして、どんなことをしたいのかについて深める「これまでについて」と、組織のニーズやそこにある機会を探求する「これからについて」が交差する場所が、「インサイト」です。前進するためのさまざまな道や、キャリア・ゴールを達成するためのアクションを、メンバーとともに確認していきます。

これは、社会科学の実験から生まれた学術モデルではありません。40年にわたってリアルな人々の課題と向き合ってきた経験から生まれた、マネジャーが実践できる多様なキャリア・カンバセーションを包含するフレームワークです。このフレームワークは、以下の3つのレベルでマネジャーを支援してくれるでしょう。

ミクロ ― 3つのパートの中からどの問いを投げかけても、インフォーマルに振り返りを行ったり、メンバーの関心を高めることができます。

マクロ ― 3つのパートを混ぜ合わせて、仕事をしている中で短いカンバセーションを行い、メンバーがキャリアについて考える支援をしてもよいでしょう。

メガ ― このフレームワークや、「これまでについて」「これからについて」「インサイト」の問いを、組織で公式に使っているIDPのプロセスに適用してもよいかもしれません。

以降の章では、「これまでについて」「これからについて」「インサイト」をさらに深堀りし、どのように活用したらメンバーの満足度やエンゲージメントを高め、成長し続けることをサポートできるかについて、ご紹介します。

もしも…

- 従業員が、自らのキャリアに真にオーナーシップをもつことができたら？
- 相手に気づきを与え、行動を促すような問いをもとに、実りあるカンバセーションをサポートするのがマネジャーの仕事だとしたら？
- カンバセーションが、日々の仕事の中で、短く、もっと頻繁に行われるものだとしたら？
- すべてに答えをもっている必要がないとしたら？

第3章

「これまで」が進むべき
未来を照らす

Let
Hindsight
Light
THE Way

この会社に入ったときの採用面接は素晴らしい体験でした。マネジャーが、私の経歴や、これまで何に専念し、打ち込んできたかということに、とても関心をもってくれたのです。探求を深めるような素晴らしい問いを投げかけてくれて、とても考えさせられました。一緒に働くようになった今、マネジャーにはまたあのような「面接」をしてもらえたらと願っています。

―従業員（あなたのメンバーかもしれません）

　採用面接を、その後継続的に行われるキャリア・カンバセーションの始まりであると想像してみてください。キャリアを終えるその日まで、相手がもっているスキルや能力、興味、関心といったものを1つまた1つ発見していくイメージです。発見したものをどんなふうに生かしていくことができるか、想像してみましょう。メンバーはそれらを活用してどんなことができるでしょうか。

> 主体的かつ着実にキャリア・ゴールへの道を進み続ける力は、
> **自己認識の力**に比例して高まります。

過去を振り返って、前進する

　キャリア開発に必要な自己認識は、従業員がこれまで、どこで、どんな経験をし、どんな人間なのかといったことを棚卸しすることで、高められます。「これまでについて」のカンバセーションとは、じっくりと過去を振り返ることなのです。主体的かつ着実に今後のキャリアを歩むために、自分自身について知り、理解しておくべきことが、「これまでについて」のカンバセーションを通して浮かび上がってくるのです。

　ただし、それらをできるだけ明確にしていくためには、2つの考え方を押さえておく必要があります。まず、すべては従業員の自己認識から始まります（この章のすべてを使って、そのことをお伝えしたいと思います）。しかし一方で、他者に認めてもらったり、問われたり、共に深めていくことも必要です。少なくとも、他者から得た情報をもとに、また新たに自己認識を生み出す必要があるかもしれません。同僚やマネジャーに協力してもらいながら、パフォーマンスや成果について振り返ると、過去からの示唆がよりクリアになるでしょう

（フィードバックの詳細については、次の章でお伝えします）。

「これまでについて」のカンバセーションから、以下のようなことが明らか
になります。

- ▶ スキルと強み ─ どんなことに強みを発揮するか
- ▶ 価値観 ─ 何を最も大切にしているか
- ▶ 興味・関心 ─ どんなことに興味をひかれるのか
- ▶ 嫌いなもの ─ 避けて通りたいと感じさせるもの
- ▶ 仕事の志向性 ─ 物事への取り組み方の好み
- ▶ 弱み・課題 ─ 難しいと感じること

こういった点を明らかにしていくと、キャリア・ゴールに向けて意識的に行
動することができるようになります。明らかになっていない状態で行動を起こ
してしまうと、的を射ていなかったり、自分らしさや本来やりたかったことと
は違う方向に取り組みを進めてしまうかもしれません。

> 「シニア・トラブルシューターに昇進するには、何年も掛かりました。もて
> るすべてをこの昇進に捧げてきましたが、実際に昇進してみるとひどいも
> のでした。出張で家族に会えない日が何週間も続き、仕事から達成感を得
> ることもありませんでした。何かあれば助けに入り、必要な仕事をこなし、
> また出ていく。最終的な成果を見届けることも、その仕事の一部を担った
> という貢献感もありません。当時もっとよく考えていたら、このポジショ
> ンは自分には合っていないとわかったはずです。私はこれまで、チームの
> 一員として取り組み、最後に具体的な成果を示すことができたときに、一
> 番のやりがいを感じてきたからです」
>
> ─IT コンサルタント

「そこ」にたどり着いて初めて、
自分が望んでいた場所ではなかったと
知ることになるかもしれません。

「これまでについて」のカンバセーションは、キャリア開発の土台となる部分です。思考を刺激し、アイデアを結びつけ、気づきを促すようにデザインされており、メンバーにとっても、マネジャーにとっても、貴重な情報が得られるようになっています。以下のような質の高い問いを通して、こうした自己認識を促すことができるでしょう。

▶ 頻繁に思い出し、ふと考えてしまうような問い
▶ 時間が経つにつれて（時には家に帰ってからも）染み入るような問い
▶ あれこれと考えさせられ、新たな領域について探求したくなるような問い

　（もし、ここまでの内容がまだ腑に落ちておらず、キャリア開発のためにマネジャーが 10 時間、20 時間も掛けて行うべき To Do リストが出てくることをまだ期待しているようなら、その考えは、ここで捨ててください。そんなものはありません。あるわけがないのです。マネジャーがカンバセーションをリードするだけで、効果が上がるのです。マネジャーが答えをもっている必要はありませんし、行動を起こさせる必要もありません。実際、本当にそうなのです）

弱み・課題の引力

　数々の研究や文献で、強みに焦点を当てることの良さが語られているにもかかわらず、多くの人は自分の弱みや課題のほうをよく認識しており、それについて考えがちです。試しに 1 分間時間を取って、自分の強みと弱み・課題を挙げてみましょう。強みよりも課題のほうが多く挙げられているのではないでしょうか。
　実際、ワークショップを行うたびに、こうした人間の性質を感じざるを得ません。参加者に自分の課題について挙げるように伝えると、にこにこしながら、時には笑いながらも、すらすらと書き出してしまいます。しかし、同じ参加者に強みを挙げるようにお願いすると、まったく違った反応が返ってくるのです。眉間にしわを寄せる。頭をかく。険しい表情や完全に困惑している様子。おかしいですよね。

あなたはどうでしょうか?

書き出さなくても結構ですが、片手で自分の強みを、もう一方の手で課題を数えてみてください。そのとき、あなたは笑顔でしょうか。それとも眉をひそめてしまっているでしょうか。

メンバーは、自分の得意なこと、自身の強みや才能を見つけ、それに注力するためのサポートを必要としています。キャリアに関する意思決定をする際、多くの人は弱みや課題に着目し過ぎて道を見失いがちなため、こうしたインプットが重要になってくるのです。

しかし、強みは簡単には見つけづらいかもしれません。あまり知られていませんが、2つの原則がこのことに影響しているのを知っておく必要があります。

原則1— 良いことも、やり過ぎると逆効果となる。

強みも過剰に発揮されると、それが弱みになってしまうことがあります。

ちょうど良いバランスで発揮されているときは…	過剰に発揮されているときは…
「彼はとてもまめで、何があっても期限を守ってくれる」	「強引な仕事ぶりだ」
「彼女の柔軟な思考によって、周囲のメンバーも既成概念にとらわれずに考えやすくなる」	「週次の会議は、彼女がダラダラ進めていて、時間の無駄だと思う」
「彼は周囲を説得しながら進めるのが得意だ」	「彼もたまには妥協したらいいのに」

強みには闇の側面もあります。強みを過剰に発揮するということがどんなことかを理解すると、自己理解を育て、自分の強みの効果的な使い方がわかってきます。

原則2 — 強みは状況に依存する。

ある状況下で強みになることが、違った状況においては弱みになってしまう

ことがあります（初めて管理職に昇進したときのことを覚えていますか？　仕事をやり遂げるという強みが、メンバーに仕事を託したり、人を育てることにおいては障壁になったりしなかったでしょうか）。

> **強み**とは、**酸素**のようなものです。
> それが欠けているときは気になるのに、普段は見過ごしがちです。

　ここまでは強みについてお話をしてきましたが、弱み・課題について理解を深めることも忘れてはいけません。弱み・課題は、本人の行動やパフォーマンスがキャリア・ゴールに近づくのを阻んでいる部分です。成長やキャリア開発を支援するとき、何が役立っていて、何が障壁になっているのかについて、本人が客観的に捉えられれば、結果を生み出すための強い土台をつくることができるでしょう。

　「これまでについて」のカンバセーションには、長時間を掛ける必要も、綿密な計画を立てる必要もありません。他の業務と並行して、2分で準備をして5〜10分の短いカンバセーションを行うための3つのアプローチを紹介したいと思います。自分のやりやすさや相手との関係性によって、3つのどれを選んでも構いません。

試してみましょう：過去を通して相手を知る
· ·
過去にどのような体験をし、どんな仕事に就き、どんな役割や職務を経験したのかについて、じっくりと振り返るカンバセーションの時間を取りましょう。そこから、扱いたいテーマやその人の傾向、気づきが生まれるでしょう。

1. 自らを知り、これまでの体験を振り返ることで、キャリアの道筋が明らかになることを、メンバーに説明するところから始めましょう
2. メンバーと一緒に、これまでに経験してきた役職、役割、職務をリストアップしてみましょう
3. それぞれ（役職、役割、職務）について、以下の質問を投げかけてみましょう

- ▶ どんなことに喜びや活力を見出し、粘り強さを発揮できたでしょうか?
- ▶ どんなことがつまらなかったり、やりがいを感じなかったり、こなすだけの仕事になったりしていたでしょうか?

4. それらを俯瞰してみると、どんなテーマが浮かび上がってくるでしょうか。つながりを見出すのに博士号や精神分析の道具は必要ありません。次のような質問をするとよいでしょう

- ▶ どのような思考やアイデアが繰り返し浮かんできたでしょうか?
- ▶ 自分の関心、価値観やスキルは、どのように変化してきたでしょうか?
- ▶ 将来、必ず答えを見出したいと思えるものには、どんなものがあるでしょうか?
- ▶ 将来絶対に避けて通りたいものは、何でしょうか?

　質問をするだけ。それほど単純なことなのです。メンバーがそれに答え、そこから共に意味を見出していくのです。

試してみましょう：四半期に一度のチェックイン

・・・

「過去を通して相手を知る」方法の1つとして、四半期の終わりに簡単なチェックアップ、またはチェックインをするという方法があります。このカンバセーションの目的は、四半期のビジネス成果を評価したり、売上を確認したり、次の3カ月に向けての生産性について議論することではありません。メンバーの感情と思考の状態を確認することを目的とします。

　パフォーマンスについての議論はすべて脇に置いて、以下のような質問をしてみましょう。

- ▶ この四半期で一番良かったことは、どんなことですか?
- ▶ 最も満足のいく仕事は何でしたか?
- ▶ どれくらいの頻度で高い目標にチャレンジしていましたか?　そのときはどんな感じがしましたか?
- ▶ どんなときに自分のやる気やエンゲージメントが下がったと感じましたか?

こうした会話を少なくとも四半期に一度の習慣にすることで、メンバー自身が日々の経験を深い自己認識に変えることへのサポートができ、その後のキャリアを決めていく際に非常に役に立つでしょう。もしかしたら、それ以上に大きな効果を得ることもできるかもしれません。

試してみましょう：終わりのないカンバセーション

キャリア成長の土台として重要なことについて、複雑かつ多面的で、進化し続ける全体像を明らかにするため、定期的なカンバセーションを実施しながら、質問を続けましょう。

1. 以下のリストから、自分やメンバーが最も関心をもった質問を選びましょう。どんな順番でも構いません。そこで話し合ったことをメモに取りましょう。

スキルと強み

▶ 小さい頃から得意だったことは何ですか？

▶ 気づくとついやってしまうことは何ですか？

▶ 周りからはどんな人だといわれますか？

価値観

▶ 過去を振り返ってみて、自分の人生や仕事において、最も大切にしてきたことは何ですか？

▶ 強く思い入れのあるテーマや課題には、どんなものがありますか？

▶ 最も大切にしている価値観を３つ挙げてみていただけますか？

興味・関心

▶ どんなことを学ぶのが好きですか？

▶「もっと時間があれば」と感じるのは、何をしているときですか？

▶ もし働かなくてよいとしたら、どんなふうに過ごしますか？

嫌いなもの

▶ 避けたくなってしまうような仕事には、どんなものがありますか？

▶ ついつい、To Do リストの下に追いやってしまうようなタスクは、何ですか？

▶ どんなことをつまらないと感じますか？

仕事の志向性

▶ これまでの仕事の経験の中で、最も好きだったのはどんなことですか？

▶ どのように働きたいですか？

▶ どんな職場環境・場所だと、働きやすく、パフォーマンスを発揮できますか？

弱み・課題

▶ 繰り返し学び続けなければならないものはありますか？

▶ 自分の強みが、時には弱みに変わってしまうことはありますか？

▶ 自分が得意としていないことで、周りの人がもっていたらうれしいと思うスキルには、どんなものがありますか？

2. ここまでのやりとりを踏まえて、以下のような質問を投げかけ、どんな結論を導き出すことができるか、話し合いましょう。

▶ ここから、どんなことがわかるでしょうか？

▶ どんなイメージが思い浮かびますか？

▶ 共通点やテーマ、それぞれのつながりは見つかりますか？

スキルと強み、価値観、興味・関心、嫌いなもの、仕事の志向性、弱み・課題が組み合わされると、雪の結晶や指紋のように、唯一無二のその人らしさが現れます。

これらの理解を深めていくと、その人の人生やその人自身が、より明確なイメージとなって現れてくるのです。

深い気づきというのは、キャリアに関することだけにとどまらず、日々の仕

事、人間関係、パフォーマンスや成果にも影響を及ぼします。その影響は、仕事以外の部分にも染み出し、より豊かにしてくれるでしょう。「これまでについて」のカンバセーションは仕事だけでなく、その人の人生すべてに良い効果を生み出してくれます。

　このアプローチはシンプルで、明快で、比較的短い時間で行えるものですが、勘違いしないでください。このアプローチには、多大な影響力があります。シンプルな印象とは裏腹に、大きな価値を生み出してくれるアプローチなのです。

　「私はもともと教えるのが好きでした。思い返してみれば、これまでも、私が最初に新しいやり方を見つけ、仲間に教えていたことが多々ありました。また、小さい頃は、私が（誇らしげに）幼稚園のお友達に名前の書き方を教えたことで、怒られたこともありました。カーペットに書いてしまったからですけど。それから今日までの間、人とつながり、人が学び、成長することを手助けする役割に最もやりがいを感じてきました。私のマネジャーがそれに気づき、トレーニングの世界を勧めてくれたことに、本当に感謝しています」

　　　　　　　　　　　　　　　　　　　　　　　　　　　　　—テクニカル・トレーナー

　「他者を型にはめて考えるのは簡単です。その人が得意なことを見つけ、他のことは気にもしません。パットを例にしてみましょう。難しいクライアント案件のマネジメントを任せるために、競合他社からヘッドハンティングしたスタープレーヤーです。しばらくは彼女も自分の仕事に満足しているようでした。1〜2度昇格もしましたし、定期的な昇給もありました。しかし、結局彼女は営業職に就きたいと言って、辞めることになったのです。聞けば、何年も自分の仕事に退屈さを感じていたと言うのです。目先のことばかりにとらわれて見逃していた彼女の他のスキルに気がついていたら、彼女は今もこの会社にいて、今求められているような新しいビジネスをもたらしてくれただろうと思います」

　　　　　　　　　　　　　　　　　　　　　　　　　　　　—ディレクター、企業保険会社

　人は自らのことを理解し、他者にも自分を理解してもらいたいと思うものです。「これまでについて」のカンバセーションは、そういった意味でも、深い

人間のニーズを満たすものなのです。

　しかし、メンバーが自らの過去を振り返り、内省を行う支援をするということは同時に、自らのキャリア・ゴールに向けて、本人が満足のいくような結果を生み出す方向へ意図的に前進するための情報を提供するということでもあります。

もしも…

- 大きく飛躍する前に、少し振り返りの時間を取ることができたら？
- マネジャーがメンバー一人ひとりの個性や価値を解放できるような問いを持ち合わせていたら？
- 採用面接の際に相手にもった好奇心を、その後のキャリアを通して、継続的に行われるカンバセーションでももつことができたら？

第4章

フィードバックをください

Feed

Me

私の仕事ぶりはどうでしょうか。周りからはどう見えていますか。マネジャーは私のことをどう思っているのでしょうか。たくさん構ってほしいわけではないのです。ただ、少しでもフィードバックをもらえると、すごく助かるのです。

—従業員（あなたのメンバーかもしれません）

フィードバックという言葉は「フィード」（育てる・糧にする）という言葉から始まります。ぴったりだと思いませんか？　というのも、自分のパフォーマンスがどう評価されているのか、周囲から自分がどう見えているのかなどを教えてもらう機会が少ないと、深刻な栄養不足に陥ってしまうからです。

その一方で、どんな業界においても、人はフィードバックに飢えているということが、数多くの調査から明らかになってきています。これは非常に人間的な反応であるといえるでしょう。毎週40時間以上も職場で過ごし、身体的にも、心理的・精神的にも自らを仕事に捧げているのですから、もう少し自分に関心を寄せてほしいと願うのは、当然のことです。

マネジャーの皆さん、ここで忠告しておきましょう。フィードバック抜きのダイエットは、組織の健康にとって有害となる可能性があります。また、次のような副作用をもたらす可能性もあります。

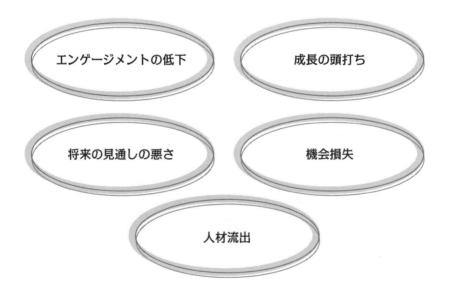

エンゲージメントの低下

成長の頭打ち

将来の見通しの悪さ

機会損失

人材流出

　優秀な人も、十分にフィードバックを受け取れないと感じると、見切りをつけて離職してしまいます。こうした人材の流出は、非常にもったいないことです。なぜなら、フィードバックというのは、

▶ ほんの少し相手のことを気に掛ける以外に、必要なコストは何もありません
▶ 対面でもオンラインでも、どんな状況でも役に立ちます
▶ たった1分でも構いません
▶ マネジャーだけがフィードバックを提供する必要はまったくありません。やりたい人、頼まれた人、誰でもよいのです

　フィードバックとは、「これまで」のレンズを通して、自らの自己認識を客観的に見つめるようなものです。そのプロセスの中で、自分が何者であるのか、どんな価値を生み出しているのかということがより明らかになっていきます。効果的なフィードバックは、本人がしっかりと受け止めることで初めて、深い学びや探求、チャレンジ、成長を促すことができます。

あなたはどうでしょうか？

正直に答えてください。フィードバックを提供する、または受け取るとき、あなたの心境は以下の表のどの辺りでしょうか？

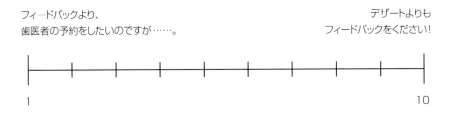

フィードバックより、
歯医者の予約をしたいのですが……。

デザートよりも
フィードバックをください！

1

10

栄養補給（フィード）の時間です

　フィードバックの機会は日常にあふれています。最初に頭に浮かぶのは、人事評価の際のフィードバック面談でしょうか。パフォーマンスを高めるために、業務上の行動や成果についての情報が提供される場です。こうしたフィードバックも重要ですが、ここでいうフィードバックとは、そういうことではありません。ここでは、もっと日常に根ざしていて、さまざまな視点を取り入れ、発想を広げるような対話を行うことで、成長を促進していくことをフィードバックと呼んでいます。

　前章では、メンバーの視点から、自分の強みや関心など、キーとなる情報を明らかにする「これまでについて」のカンバセーションの重要性をお話しました。しかし、本人の視点だけでは、全体像が見えないことは多々あります。その際、リアリティー・チェック、つまり視野を広げて自己評価をブラッシュアップする機会が必要になってきます。そうです！　ここがまさに、フィードバックが役に立つタイミングです。

　メンバーが主体的に周囲の人に意見を求めるのを支援することで、以下のような効果があります。

▶ 思い込みを確認したり、自己理解を深めたり、他者の目を通して見える自分を再発見することができます
▶ 自らカンバセーションのきっかけをつくり、フィードバックを求める力を高めることができます
▶ 周囲のメンバーと、より協力的で信頼感のある、強い関係を築くことができきます

　適切な支援を継続できれば、自然と、メンバーがフィードバックを送り合えるようなチームが生まれるでしょう。そのようなチームになれば、お互いにフィードバックを提供したり、受け止めたりすることに抵抗がなくなります。

自分のネットワークには誰がいるのか、明らかにしましょう

　フィードバックは、「これまでについて」のカンバセーションの1つといえます。良かったことも、良くなかったことも、見苦しいようなことも、本人と他者の視点を照らし合わせて、確認したり、明らかにしておく必要があります。

　全体像を把握するためには、できる限り多様な立場の人から意見を聞くことが重要です。自分の強みや能力、関心や成長機会に有益となる気づきを与えてくれそうな人は誰か、メンバーに問いかけてみましょう。

　おそらく、以下のような人たちではないでしょうか。

▶ 同僚　　　　　　　　　▶ インターン　　　　　▶ 家族

▶ 同じ組織のメンバー　　▶ 顧客　　　　　　　　▶ 友人

▶ 委託業者　　　　　　　▶ サプライヤー　　　　▶ マネジャー

> キャリア開発には、**たくさんの人**の力が必要なのです。

　上記のリストの最後がマネジャーであることには、意味があります。

　望んだキャリアを歩んでいくためには、できる限り人脈を広げておく必要があります。同僚や組織内外のパートナーが、参考になりそうな情報、アイデアを提供してくれたり、つながるとよい人を紹介してくれるかもしれません。自らのキャリアにオーナーシップをもち、他者に協力してもらって進むべき道を切り開いていくためには、こういった人からのフィードバックが非常に有効です。

　マネジャーは、マネジャーにしか提供できない視点があります。マネジャーからのフィードバックは、メンバーが自己理解を深め、自らのキャリア計画や成長への土台とすることができるでしょう。しかし、それも数ある視点の1つでしかありません。

　マネジャーからメンバーにフィードバックを行う前に、周囲の人からのフィードバックを集めることを提案してみましょう。周囲の人を優先するのは、その人たちに対して敬意を払うためではありません。マネジャーの権威に関わる話なのです。マネジャーには権威があるため、マネジャーの視点が必要以上に重

要視されてしまうことがあります。しかし、メンバーが多様な人からのフィードバックをもらった後であれば、マネジャーのフィードバックもより広い視野をもって取り入れることができるでしょう。

これだけ覚えておきましょう：ABC

　自らフィードバックを求め、またそれをしっかりと受け止めることができるかどうかによって、その人がパフォーマンスを発揮し、輝くことができるかが変わってきます。しかし、こうしたスキルを身に付けている人は多くありません。あなたの職場のメンバーも同様である可能性が高いでしょう。

　他者の意見に自ら耳を傾けることは、時には難しさを感じる場面もあるため、そのような会話を行う際には、内容をシンプルにしておく必要があります。メンバーが周囲の人にフィードバックを求めるときには、たった3つのことだけに集中するように促しましょう。それは、スキルや能力（Abilities）、改善点・成長ポイント（Blind Spots）、条件（Conditions）の3つです。次のABCのように、シンプルなものにすることをお勧めします。

A. スキル・能力

▶ 私の最大の強みは何でしょうか？

▶ 私がもっているスキルで、最も価値があるものはどれでしょうか？

▶ いつでも私に任せれば安心していられるのは、どんなことですか？

▶ 私はどんな貢献をしていると思いますか？

B. 改善点・成長ポイント

▶ 今後、私自身の障害になりそうな振る舞いには、どんなものがあるでしょうか？

▶ 期待に応えられなかったのは、どんなときでしょうか？

▶ 私の強みが弱みに変わるのは、どんなときでしょうか？

▶ 私がもっと成長するために、何か1つだけ変えることがあるとしたら、ど

んなものでしょうか？

C. 条件

- ▶ 私はどのような環境や状況で、自分の力を最大限に発揮できると思いますか？
- ▶ 私が苦労しているように見えるのは、どんな状況でしょうか？
- ▶ 仲間と仕事をするのと、一人で取り組むのでは、私はどちらのほうが高いパフォーマンスを発揮すると思いますか？
- ▶ 私は、どんなことがトリガーになってストレスを感じたり、ネガティブな反応をしがちだと思いますか？

　上記のように、明確で具体的な質問をすることで、より明確で具体的な答えが返ってきます。こうした具体的なフィードバックは、「私、最近どうかな？」というやる気に欠けた、ありがちな質問を受けて、「いい感じよ」と気のない答えをするのに比べて、はるかにその後のアクションにつながりやすいといえます。

　ですから、メンバーと相談して各カテゴリーから1〜2個質問を選び、本人の成長をサポートしてくれそうな人と、フィードバック・カンバセーションを行うきっかけとして活用するように促してみましょう。

　次に、こうしたカンバセーションの振り返りを行う準備をしましょう。誰しも最初は、自分のものの見方の正当性を証明してくれるようなデータに注目してしまいがちです。それを乗り越えるのに、最初のうちはサポートが必要かもしれません。複数の視点を1つひとつ確認し、共通している文脈やテーマを明らかにしていくサポートが必要なこともあるでしょう。一見、矛盾しているように見える情報を理解するのに、手助けが必要な場合もあるでしょう。そうしたとき、メンバーがフィードバックを消化するプロセスにマネジャーが伴走することで、成長を大切にしているというスタンスをメンバーに伝えることができます。また、マネジャーにとっても、成長をサポートするための重要な情報を得る機会となるでしょう。

　容易に想像していただけると思いますが、最も理想的なフィードバックは、対面で行われます。しかし、今は地理的に離れて働く場合も多く、対面以外の

ツール（電話やオンライン会議）に頼る必要性も出てきています。どんな形であっても、こうしたリアルタイムのやりとりを通して、関係の質を高めながら、有効なフィードバックを行うことは可能です。

> ぶっつけ本番で、たどたどしくなってしまった場合でも、
> 生身の人間同士が対面で行ったほうが、
> 最も **気づき** が多く、**関係の質** が高まる
> カンバセーションへの **近道** となるでしょう。

　気づきが生まれ、マネジャーとの関係の質が高まることは、キャリア開発においても追い風となります。また、こうした状況におけるフィードバックは、現在の仕事の中でメンバーの成長を促し、結果的に、メンバーが辞めてしまうのを防ぐことができます。さらに、自らの仕事や人生において、もっと輝くために必要なスキルも身に付けることができるでしょう。

　もし、好んで使っているオンライン・ツールがある場合は、それを使い続けてもらって構いません。しかし、対面のカンバセーションの代わりにこうしたツールを使用するのではなく、カンバセーションに追加する形で使うようにしてください。

自らの意図を確認しましょう

　マネジャーは、フィードバックを提供する人のリストでは最後にいるかもしれませんが、忘れられているわけではありません。メンバーのキャリアをサポートする人たちの中で、マネジャーも重要な役割を担っています。メンバーは、自分のスキルや能力、改善点・成長ポイント、条件についての自身の考え方に加え、マネジャーの視点も自らのキャリアに生かしたいと考えているからです。マネジャーの役割は、メンバーにとって率直なサポーターであることです。メンバーは、率直でありながら、同時にサポートを提供してくれるマネジャーを求めているのです。

「彼女の言うことなら、どんなことでも受け止められます。深いところで、いつも私を応援してくれているとわかっているからです」

—看護師

　相手がしっかりと受け止めてくれるようなフィードバックを提供する権利を得るには、フィードバックの意図を確認することが重要です。フィードバックを行うときには、発する言葉以上に、どんな意図をもってカンバセーションに臨むのかを大切にします。フィードバックする側の意図や動機が、実際のテクニックよりも物を言うのです。どんな言葉を使っても、メッセージに込められた意図やあり方が、相手に伝わってしまうのです。口から発する言葉が、心が発しているメッセージに勝ることはありません。

　フィードバックの準備をする際には、「このフィードバックの意図は何だろう？」と自分に問いかけてみてください。自分の憂さを晴らしたいとか、誰かを責め立てたいだけならば、考え直したほうがよいでしょう。どんな言葉を選んでも、隠された意図が伝わってしまうからです。どんなフィードバックも、その人の成長を支援したいという誠実な想いから生まれていることを確認してから行いましょう。

> ## 意図 ＋ フィードバック ＝ インスピレーション

　ポジティブな意図と適切な言葉を組み合わせることで、フィードバックをしっかりと受け止め、理解し、行動を起こすことを助ける、これ以上ない場をつくり上げることができます。

フィードバックを組み立てましょう

　より大きな効果を得るために、自らの思考を整理し、言葉を選ぶようにしましょう。これから紹介する3つのステップに沿って行うと簡単です。

1. 何についてのフィードバックなのか、「内容」について焦点を絞りましょう。
   「内容」とは、明確で、具体的な行動や結果、かつ本人のキャリアの方向性や成長に影響のありそうなトピックのことを指します。できる限り明確に、全体像が伝わるように細かいことまで共有しましょう。ただ、ここで終わりにしないでください。

2. 「それが、どういう意味があるのか」ということも、併せて伝えましょう。
   1で明らかにした行動や結果がどのようなインパクトを及ぼしたのか、詳しく見るようにします。そうすることで、どんな文脈からこのフィードバックが行われているのかがわかり、受け取る側が自分の成長や将来の方向性に照らし合わせて理解しやすくなります。

   ▶ **こんな言い方はしません**：あなたは素晴らしい営業だよ、このまま続けて。
   ▶ **こんなふうに言ってみてください**：お客さまの課題に対して、いつも工夫を凝らしたソリューションを提案してくれるね。君の行動は、新人が見て真似るべき基準になるだろう。チームの中でも真のリーダーになってくれているね。

3. 「今後のアクション」について話し合います。
   フィードバックは、ポジティブなものでもネガティブなものでも、内省と行動を促します。現在取り組んでいることが、良い効果を生んでいるというフィードバックがあれば、さらなる取り組みを検討したり、その強みを別の仕事で生かせないか模索する機会にもなります。改善の余地がありそうだというフィードバックであれば、別の選択肢を検討したり、新たなスキルやアプローチを獲得する機会となるでしょう。どちらの場合でも、以下のように、気づきをもたらすような問いを投げかけることが大切です。

   ▶ この件について、どう感じていますか？
   ▶ このフィードバックは、あなたにとってどんな意味があるでしょうか？
   ▶ このフィードバックを受けて、ご自身としてはどうしたいですか？

▶ どんなアクションが頭に浮かんでいますか？
▶ そのアクションを取ったり、行動を変えるということは、自分にとってどんな意味があると思いますか？
▶ どんな人に助けを求めるとよいでしょうか？
▶ どのようなサポートが必要そうでしょうか？

　ポジティブな意図の下、このシンプルなフレームワークを使用すれば、キャリアについてのカンバセーションや、パフォーマンスに関するフィードバックにも役立ちますし、仕事以外の場でも、具体的な行動に移せるようなコミュニケーションが生まれるかもしれません。

率直さと思いやりのバランス

　率直さと思いやりは、二者択一で選択するものではありません。両方必要なのです。メンバーは、マネジャーが自分に対してどのような感情を抱き、自分をどう見ているのかを非常に気にしています。ですから、メンバーが厳しいフィードバックを受け止めることができるかどうかは、マネジャーが本人に対してどれだけ思いやりを見せられるかにかかっています。フィードバックをする前に、数分間よく考え、組み立てる時間を取るだけで、フィードバックの受け止められ方とその後の生かし方に、大きな変化が生まれるのです。

▶ **こんな言い方はしません**：どうにも売上が上がらないみたいだね。
▶ **こんなふうに言ってみてください**：お客さまと良い関係を築いていく力はあるのだけど、それがなかなか売上につながっていかないね。あなたの強みをもっと発揮できるようなやり方がないか、一緒に考えてみようか。

　脳科学の研究では、フィードバックを受けるときには、物理的な危険が迫ったときと同じ反応が起こるといわれています（＜フィードバック＞という言葉を聞いただけで、心臓がドキドキしたり、急に口が乾いたりした経験があるのではないでしょうか）。相手の強みや才能、スキルをベースに話をすることで、より心理的に安全な場が生まれ、会話に集中したり、受け止めづらいフィード

バックもしっかりと聞くことができるようになるでしょう。

「たいていの場合、人は真実を知りたがります。たとえそれが受け止め難い
　内容であったとしても、率直な意見を伝えてくれる人に対しては、強いつ
　ながりを感じるのです」
　　　　　　—スーザン・スコット、『フィアース・カンバセーションズ（Fierce Conversations）』
　　　　　　　　（邦題『激烈な会話—逃げずに話せば事態はよくなる！』）の著者

あなたはどうでしょうか？

他者からのフィードバックをどれくらい求めるようにしていますか？　自分のパ
フォーマンスや行動に関するフィードバックをもらったとき、どれくらい受け止められ
れるでしょうか？　周囲の人が、もっと改善できそうなポイントを指摘してくれた
とき、どれくらい謙虚に感謝の気持ちをもつことができているでしょうか？　マネ
ジャーのあり方がチームのフィードバック・カルチャーをつくります。たくさんの
フィードバックが行き交うチームのカルチャーは、マネジャーから始まるのです。
フィードバックが行き交うチームをつくりたいと考えているなら、フィードバック
を求め、歓迎し、それを活用する姿を、マネジャー自らが体現するところから始め
てみましょう。

フィードバックのポイント

　どこから始めたらよいか、困っていますか。もう少しフィードバックに対す
る意識を広げて、よりメンバーの成長に貢献できるようになりたいと考えてい
るでしょうか。そんな方は、ぜひこの先を読み進めてください。メンバーは、
3つの点についてマネジャーからのフィードバックを求めています。「テクニ
カル・スキル」「ソフト・スキル」「キャリア開発に重要な性質」の3つです。
　テクニカル・スキルは、ハード・スキルとも呼ばれていますが、仕事で何か
を生み出すときに必要となるスキルのことです。溶接、ウェブサイト・デザイ

ン、営業、シフト管理など、仕事に関するスキルにはさまざまありますが、パフォーマンスを生み出すための基礎となるのがハード・スキルです。今の役割の中で、もしくは将来的に良い仕事をするために獲得すべきスキルとして、最初に思い浮かべることが多いのもハード・スキルです。

　しかし、それは氷山の一角にしかすぎません。パフォーマンスを生み出すためには、対人スキル、いわゆるソフト・スキルが、ハード・スキルと同じくらい（人によってはハード・スキル以上に）重要だといわれています。ソフト・スキルには、コミュニケーションやコラボレーション、チームワーク、ネットワークづくりなどがあります。このようなことに苦労した経験がある人であれば誰でも、ソフト・スキルを獲得するのは一筋縄ではいかないということがわかるでしょう。

　もう1つ忘れてはいけないのが、人の性質についてです。目に見えづらいですが、無意識下のコンピテンシーとして、パフォーマンスに影響を与えています。40年の現場経験から、以下のような性質が、日々の仕事や長期的なキャリア開発に重要であることがわかってきました。

▶ 常に学び続けたいという気持ち
▶ 知らない世界や、それを知ることによって生まれる可能性に対する絶え間ない好奇心
▶ 自分をより良く知ることに対する心からの興味・関心
▶ 困難や変化に直面したときのレジリエンス

　こういった性質は、人によってはすでに備わっていたり、そうでなかったりするかもしれませんが、時間を掛ければ間違いなく身に付けることができるものです。

　上記の3つ（テクニカル・スキル、ソフト・スキル、性質）のうち、どれを取り上げても結構です。自分自身をより深く知り、今後の成長に生かせそうなヒントを得ることができるでしょう。3つのうち複数を組み合わせてカンバセーションを行うと、より多くの気づきが得られるでしょう。マネジャーが自らの視点を共有し、メンバーの成長を支援するフィードバックを行う際に活用できそうなトピックとして、この3つすべてを頭の片隅に入れておきましょう。

もしも…

- 自分が何者であるか、どんなことに強みを発揮するのか、より良くできるポイントはどこか、最も貢献できそうなところはどこか。こうした問いをもっと深掘りしていくことを、誰もが楽しめたとしたら？
- メンバーが、フィードバックを受け取ることに抵抗がなかったら？
- マネジャー以外のメンバーも、フィードバックを提供することができるようになったら？

第5章

外の世界で、何が起きているか

ビジネスを取り巻く環境が変化していると言われるのは、イヌイットに「外は寒いよ」と言っているようなものです。そんなことはわかっているし、日々感じています。慌てて変化に反応するばかりではなく、もっと良いやり方があるはずです。変化についていくだけでなくて、その先を行きたいのです。

—従業員（あなたのメンバーかもしれません）

　ここでは、「世界が変化している」などとお伝えするつもりはありません。そんなことは十分にわかっているはずでしょう。日々訪れる変化やチャレンジが、戦略やリソース配分、その他ビジネスにおける重要な意思決定に大きな影響を及ぼしています。

　であるならば、キャリアに関する意思決定も、そうした変化の影響を受けると思いませんか？（答えは、確実に YES です）

　「これまでについて」のカンバセーションでは、メンバーが仕事やプライベートを含めてどんな人で、チームにどんな貢献をしてくれる人なのかということを明らかにすることで、キャリア・カンバセーションの土台をしっかりと固めることができました。しかし、それだけで、これからのキャリアを追い求めるのは危険です。自分が興味をもち、強みを発揮できそうな方向には進んでいけそうですが、それがビジネスの要請に応えるものではない可能性もあります（＜行き止まり＞ということです）。

　明らかになった「これまで」を、「これから」のレンズを通して見つめ直します。「これからについて」のカンバセーションでは、外の世界や将来、組織的課題、変化、またそれらが自分のキャリアにもたらす意味について、視野を広げてくれます。こうした会話は、満足のいく形で努力が実を結ぶように、キャリア開発の的を絞るのに役立ちます（変化の文脈を理解したり、考える観点を得ることで、日々のパフォーマンスを高めることにも役立つでしょう）。

未来予想のその先

　過去に役に立ったスキルに固執し続け、変化に適応できなくなる人の話を聞いたことがあるでしょう。では、自ら未来を思い描き、そこに向かって成長していこうとする人の話はどうでしょうか？　ビジネスで成功を収めた人は、み

んなこうして成功しています。しかし、必ずしも有名な成功者でなくても、ある才能を発揮して、他の人より一歩先の未来を生きている人もいるのです。

周囲の環境を敏感に察知する力を
生まれつきもっている人がいます。

- 一見つながりのないようなことにも、
  傾向やトレンドを見出す力
- 大したことではないように見える出来事にも、
  その意味を見出す力

そういう人は、超能力者というわけではなく、**常に周囲を見つめ、思考する**ことを、自ら実践しているのです。

そうした実践を自然とできる人もいますが、周囲を見つめ、思考する力は、育てていくこともできます。それは習慣であり、「これからについて」のカンバセーションを継続することで、メンバーにその力を身に付けてもらうこともできます。

「これから」を育む

マネジャーは幹部会議に参加したり、社内の重要なメモを確認するといった機会を与えられているため、組織の全体像を把握しているかもしれません。それゆえに、夜も眠れなくなることがあるかもしれませんし、逆に、無意識のうちにそうした情報を踏まえて意思決定をしていることもあるかもしれません。しかし、多くのメンバーはそれらにアクセスする機会がほとんどなく、周りを見渡し、全体像を把握することの重要性に気づいていないかもしれません。

ですから、次に示すような、考える際の新しいポイントを、メンバーにいくつか提供してあげるのがよいでしょう。

▶ 組織の外で起きている課題や変化、世界で何が起こっているか。たとえば、人口動態の変化、グローバル化、競争、規制、地政学的なパワーバランス、経済の変化など

▶ 組織内で起きている課題や変化、組織内で起こっていること。たとえば、顧客ニーズの変化、新たなベンダーとの関係性、合併や買収、雇用環境の変化、利益率低下への対応など

「子ども扱いしないでください。役員ではないかもしれませんが、変化が起きていることくらいわかっています。外野扱いしないでほしいのです。変化に対して、できることがあるかどうかわかりませんが、私にも知る権利はあります」

――生産ラインの従業員

　心配無用です。マネジャーがメンバー全員に経営計画を詳細に伝えるべきだと言っているのではありません。言いたいのはその逆で、メンバーが自分自身を取り巻く世界について知ることができるような場をつくり出して欲しいのです。自分を取り巻いている世界こそが、キャリア開発のあり方を決めているのですから。

試してみましょう：チームで考えてみましょう

・・

キャリア・カンバセーションは、マネジャーとメンバーの一対一で行われ、個人のキャリアについて語られることが一般的には多いといえます。しかし、「これからについて」のカンバセーションは、グループで行うほうが楽しく、理想的です（そのほうが、このアプローチの効果をより感じていただけるでしょう）。

　チームのメンバーが情報を集めたり、いくつかのテーマを調べ、リアルな体験をすることで、ビジネスの変化や課題について、理解を深めてもらいましょう。その場合、2〜4人、もしくはそれ以上のメンバーで行うのがよいでしょう。

　メンバーもマネジャーも、自分一人では、自組織やビジネス、世界を形づくっているすべての要素を明らかにすることはできません。だからこそ、複数人

で集まって知恵を絞るのです。すべてのメンバーに、周囲を見つめ、思考する習慣が身に付くような取り組みや会話を奨励しましょう。

　自らを取り巻く世界で何が起きているのか、理解を深めるために、まずできることをリストにしました。しかし、マネジャーとメンバーで話し合いを始めれば、もっといろいろなアイデアを思いつくことと思います。

▶ キーパーソンにインタビューを行う
▶ 顧客から話を聞く
▶ 重要なテーマやトレンドについて、リサーチする
▶ 業界誌を読む
▶ 業界団体のカンファレンスに参加する
▶ 経営会議やクロス・ファンクショナル・ミーティングに参加する

　こうした取り組みは、それだけで世界・業界・組織内で何が起きているのかという全体像への意識を高め、気づきをもたらしてくれるでしょう。そして、それらについて対話をし、内省を行うことで、課題やその影響について理解を深め、今後に生かされるような気づきへと変えることができます。

パズルのピースは 1 つひとつ違う ものです。
まとめて整理すると、 1 つの大きな絵 ができあがります。

　以下のようなシンプルな問いが、物事の影響関係を捉え、新たな気づきを生み出すのに役立ちます。

▶ あなたが気づいたことの中で、特に重要だと思うものは何ですか？
▶ この業界において、こうした気づきはどんな意味をもつでしょうか？
▶ 私たちの組織にとっては、どんな意味をもつと思いますか？
▶ 自分たちの商品やサービス、収益にどのような影響がありそうでしょうか？
▶ 私たちの部署には、どんな影響を及ぼすでしょうか？
▶ あなた自身、そしてあなたの仕事やキャリアにとって、どんな意味がありますか？

周囲の環境に直に触れるように促すだけだと、
ただ楽しい **経験** で終わってしまいます。
その経験を振り返り、**内省** をして初めて、
効果を発揮するのです。

「これから」を話し合う場

　「これからについて」のカンバセーションを心から実践したいと思うなら、ミーティングのアジェンダに毎回組み込んで、仕組み化してみましょう。時々行うだけでも役立ちます。多くの何もしないマネジャーよりはずっとましです。メンバーに気づきや学びを共有してもらいましょう。上記の問いを用いて、オープンなディスカッションを行ってください。

　　「ミーティングの初めに、毎回違うメンバーにヘッドライン・レビューを行っ
　　てもらうようにお願いしました。業界誌やビジネス雑誌、ニュースなどの
　　記事を取り上げて話してもらうのです。2分間でその記事の概要を共有し、
　　その後短く、我々にとってどんな意味がありそうかを話し合うディスカッシ
　　ョンをリードしてもらいます。話し合いから生まれた気づきや、メンバー
　　の主体的な姿勢にとても驚かされました。今では、私がミーティングのア
　　ジェンダに入れ忘れると、メンバーが教えてくれるようになりました」

　　　　　　　　　　　　　　　　　　　　　　　　　　　　　―リスク管理マネジャー

　「これから」に焦点を当てたディスカッションをミーティングの最初に毎回取り入れるようにしたら、どんなことが起こるでしょうか。きっと大きな効果を得られるでしょう。メンバー一人ひとりが世界についてより理解を深めることで、キャリアにおける成長や意思決定の際に役立つはずです。
　そして、チームで「これからについて」のカンバセーションを行う価値はそれだけではないということが、すぐにわかるでしょう。予想を上回ることが起きるようになります。メンバーは、経営的な視点やオーナーシップをもって関わってくれるようになります。多くのイノベーションが生まれ、より高い成果

が見られるかもしれません。他にも、予想もしなかったようなことが実現できるかもしれません…。世界平和なんかも…？（というのは、冗談です。注意して読んでくださっているか、確認したかっただけです！）

試してみましょう：空欄を埋めてください

全体像を捉えるカンバセーションにメンバーを巻き込むアプローチとして、次に挙げるようなものもあります。数分、時間をもらって、以下のような考えるきっかけとなる文章を投げかけ、文中の空欄を埋めてもらいます。

▶ この業界に起こっている最も大きな変化は…

▶ 次に来る大きな変化は…

▶ …が来るのが今から想像できます。

▶ …が起これば、我々のビジネスはひっくり返ってしまうでしょう。

▶ …が時代遅れになれば、すべてが変わるでしょう。

▶ 私は、組織の…が変わったとき、最も影響を受けました。

▶ 私の上司が…をしてくれたとき、自分にとっては非常に大きな影響がありました。

▶ 自分の強みを生かし、キャリア・ゴールを目指す際には、…することが必要だと思います。

1つでも複数でもよいので、上記の中から文章を選んでみましょう。1人でやってもよいですし、チーム全体で話し合ってみてもよいでしょう。カンバセーションがどんなふうに展開するか、流れに任せてみます。

　上記の文章はとてもシンプルに見えますが、勘違いしないでください。これらはとても大きな効果をもたらしてくれます。メンバーは、こうした問いを投げかけられることで、立ち止まり、自分の置かれている世界について、より広い視野をもって、戦略的に思考する機会を得るとともに、それが自分のキャリアにとって何を意味するのかを考えることができます。もしかしたら、そうした機会をもつのが初めてという人もいるかもしれません。

あなたはどうでしょうか?

上記の文章の空欄を、自分でも埋めてみましょう。自分だったら、どんな言葉を当てはめるでしょうか。その回答は、自らのキャリアをどう歩んでいきたいかに照らし合わせると、どんな意味がありそうでしょうか。

破壊するか、されるか

　今日価値ある商品やサービスも、明日には時代遅れになる可能性があることは、あらためてお伝えする必要もないかと思います。困難で、予測不可能な現実に向き合い、イノベーションを主要な戦略目標に置く組織がほとんどです。ただ、現在の延長線上で改善を繰り返すだけでは、組織が生き残り、成功を収めるには十分ではありません。ディスラプション（これまでのやり方の破壊）、つまり抜本的な変革が新たな常識となっています。もちろん、組織は破壊的変化を自主的に選ばないこともできますが、その場合、自らが破壊されてしまうことになるでしょう。

　そうした破壊的な力は、雇用の状況においても感じられます。これまでフルタイムの正社員であふれていた職場も、今日では、さまざまなステータスや雇用形態の人が入り乱れています。フルタイム、パートタイム、契約社員、コンサルタント、インターン、エクスターン…、挙げればきりがありません。

　この破壊的変化に、一人ひとりがどう反応するかは、その人の視点によるところが大きいのです。コップの水が半分空であることに恐れを感じますか? それとも半分も入っていることにわくわくするでしょうか? 破壊的な変化があるということは、新たなチャレンジや学びにあふれ、主体的であり続けられるという意味でもあります。特に、寿命が伸びて、長く働く人が増える中では、大きな変化に直面することで、同じ組織にいながら、今の仕事に関心をもち、成長し続けることができるのです。

　破壊的変化とそこから生まれるたくさんのチャンスを受け入れるには、そのための準備をし、変化を受け止め、レジリエンス（回復力）を高めることが求められます。変化に直面したとき、不安に感じるか、その不安に打ち勝てるか

は、ある1つの要素が大きく影響しています。それが、アジリティの高さです。

アジリティのメリット

　本来、アジリティとは時代の流れに乗り、素早く方向転換を行ったり、変化に応じて柔軟に対応することです。可能性を見出し、そこに向かっていけるよう、常に準備を整えておくことです。アジリティは、パフォーマンスを発揮し続けるための隠し味なのです。

　「これからについて」の会話を通して、自分を取り巻く世界で何が起きているのか、なぜそれが起きているのかということについて、理解を深めることができます。アジリティがあれば、そこで得た気づきから、効果的ないくつかのアクションを素早く生み出す力を養うことができます。ここで、「いくつかのアクション」という言葉を使っていることに気づいてください。今日の動的で破壊的な環境の中で前に進むためには、正しい道が1つあるわけではなく、複数の戦略やステップから選び取っていく形へと変化しているのです。そうすることで、リスクが軽減し、日々変化する状況に応じて、素早く舵取りを行う柔軟性を手に入れることができます。ビジネスやキャリアに関しては、誰しも選択肢をいくつか残しておく必要があるからです。

　「これまでについて」のカンバセーションは大きな効果をもたらしますが、「これからについて」のカンバセーションなしでは不完全です。変化し続ける環境で起こる出来事は、キャリアにおける意思決定、戦略、成功に直接的な影響を及ぼします。アジリティがあれば、「これからについて」のカンバセーションを通して身に付けた新たな習慣を生かし、破壊的な変化を味方につけることができるでしょう。

　そして、「これまでについて」と「これからについて」が交差する場所にあるのが、「インサイト」です。

「これまでについて」   「これからについて」

「インサイト」

インサイトがもたらす可能性は、計り知れません。

▶ 問題解決に必要な新たなスキルを獲得できるかもしれません
▶ 新たな関心領域が、今後のビジネスに役立つかもしれません
▶ 長年目標にしてきたことが、重要なプロジェクトを通して達成できるかも
  しれません

　メンバーとのカンバセーションを通して明らかになったインサイトについて、
探求を重ね、活用することで、彼らの成長を支援する無限の可能性が開かれる
でしょう。

もしも…

● メンバーが自らを取り巻く環境を見渡し、思考する習慣を身に付けることがで
  きたら？
● 「これからについて」のカンバセーションが、組織内で日々実践されるようにな
  ったら？
● 破壊的な変化が、個人や組織が成長するチャンスとして歓迎されたら？

第6章

上へ向かうのでなければ、どこへ？

If Not
UP...
Then What?

もっと挑戦させてください。ストレッチなゴールを掲げてほしいのです。私は、昇進するよりも、学んだり、成長したり、自分の才能をさまざまな形で発揮することに興味があるのです。

—従業員（あなたのメンバーかもしれません）

「インサイト」と「成長」は、可能性を探求することを意味します。ただし、可能性について、マネジャーもメンバーも、時に時代遅れの感覚を持ち合わせていることがあります。今日のビジネス環境における「成長」とは、古い考え方に別れを告げるという意味でもあります。

はしご型のキャリア観には、別れを告げましょう。多くの組織では、ポスト削減や人員削減によって、リーダーの職に就くチャンスは減り続けています。ヒエラルキーの上のほうのポジションといえば、ますます一握りの人しか手に入れることはできなくなっています。

今までのキャリア・パスの概念にも別れを告げましょう。この役職を経験したら次はこちら、といったような決まった進路を歩むのではなく、これからはキャリア・パターンという形を取るようになるでしょう。より流動的かつ柔軟で、より組織のビジネスニーズや個人のニーズに対応したものです。

職場とプライベートを分けることにも別れを告げましょう。時代はすでにワーク・ライフ・バランスを超えて、ワーク・ライフ・インテグレーション（仕事と生活の統合）です。テクノロジーやコミュニケーションの融合が起こり、仕事と日々の生活の境界線がより曖昧になってきています。

すべてを（少なくとも一度にすべてを）手に入れることはできないと、今では多くの人が理解し始めています。そして、仕事のために人生の大切なものを犠牲にすることはできないと考えているのです。仕事のために人がいるのではなく、仕事によって人の人生が豊かになるべきだと考える人が増えているのです。

キャリア開発についての新たな考え方を手に入れましょう。上方向（キャリア・アップ）だけでなく、一度役職を手放してみたり（キャリア・ダウン）、寄り道をしたり、今とは違った経験をしてみるといったことも含まれます。あるいは、今のポジションにとどまったまま、戦略的に成長するというのもあるでしょう。

今日のキャリア開発は、はしごというよりはむしろ、ボルダリングの壁のようなものです。

　ボルダリングの知恵1——頂上がゴールである必要はない。時々、横移動をしたり、ある特定の場所にたどり着くことが、求めるゴールになることもある。

「今いるポジションに満足しています。マネジャーになることで頭が痛い思いをしたくありません。でも同時に、今いる場所で停滞したくもないのです。次のチャレンジや成果を上げられるような場所を探し続ける必要があるのです」

——技術者

　ボルダリングの知恵2——A地点からB地点への行き方は無限にある。

「これまでのキャリアの中で、何度も自分を再発見する経験をしてきました。営業からオペレーションに移り、今はカスタマー・サービスを担当していますが、直線的な道のりではありませんでした。でも、ここに来るまでに必要なことを身に付けてこられたのです」

——スーパーバイザー、カスタマー・サービス

　ボルダリングの知恵3——自らが目指すゴールにたどり着くためには、一度下がることが必要な場合もある。

「製品開発部門で働いてみたかったのですが、そのままでは成功することはできないとわかっていました（想像すらしませんでした）。現場で顧客と過ごした経験がなかったからです。ですから、自主的に降格を申し出て、必要な経験を得るようにしました。最終的には、すべてが報われました」

——プロダクト・マネジャー

　ボルダリングの知恵4—— 無難にいくか、リスクを取るか、しっかりとした足場を選ぶか、状況において自ら選択することができる。

「一番下の子どもが病気になって、ビジネス開発グループでの仕事をこなしきれないと思いました。仕事か、家族か、決断しなければならなかったのです。そんなとき、マネジャーに助けてもらい、より定時に近い形で働け

る仕事を見つけてくれました。そのことにはとても感謝しています。家庭
が少し落ち着いた今、以前のように猛烈に働くのを楽しんでいます」

—ディレクター、ビジネス開発

ボルダリングの知恵5—移動しなくても、手足を置く場所を変えてみること
で、自分の強みやスキル、関心を育むことができる。

「この業界では、膨大な数のツールや手段があふれ、クライアントのニー
ズもさまざまです。今やっている仕事をマスターして、次のチャレンジを
したいと思ったとき、役割を変える必要はないと思います。また違う商品
の勉強をして、実践に生かしていくだけなのですから」

—ITリーダー

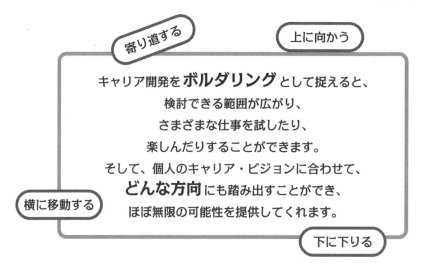

「前進」の概念を進化させる

ボルダリングのたとえは、今日の環境において、キャリア開発やキャリアを
前進させるということについてのマインドセットが変化して初めて、意味を成
すものです。

前進といえば、組織を上方向に上っていく（たとえば、責任が重くなったり、

メンバーの数が増えたり、高い給与をもらう）というイメージが定着してしまっています。

　今日のキャリアにおける「前進」というのは、それぞれが定義したキャリア・ゴールに向かって、自身の未来を切り拓いていくという意味です。役割を変える必要がない場合も多くあります。

　あなたは、以下のことを知っていますか？

▶ メンバーそれぞれのキャリア・ゴールの定義を知っていますか？

▶ 彼らはどんな仕事をしたいと考えているでしょうか？

▶ どんなことを成し遂げたいと考えていますか？

▶ どんな力を高めたり、活用したいと考えているでしょうか？

> キャリアとは
> 「前進する」「上る」ものではなく、
> ## 「未来」や「ビジョン」に
> 向かっていくもの

あなたはどうでしょうか？

自分自身にも同じ問いを投げかけてみましょう。

● 自分自身はキャリア・ゴールをどのように定義しているでしょうか？

● どんな仕事をしたいですか？

● どんなことを成し遂げたいでしょうか？

● どんな力を高めたり、活用したいですか？

　もし答えに迷ってしまったとしたら、残念ながら、あなたはとても面倒見の良い会社にいるということでしょう。メンバーの答えがどんなものか想像もつかないとしたら、さらに面倒見の良い会社だということです。そうであれば、キャリア開発に苦労するのも不思議ではありませんよね。マネジャーの多くは、よくわからないままキャリア開発に取り組んでいるのです。

メンバーは、自分自身がキャリア・ゴールをどのように定義づけているかよく探求し、「前進」の意味を書き換える必要があるでしょう。そして、支援が必要な場合は、マネジャーにその定義を共有しておく必要があるのです。

　そうすることで、マネジャー・メンバー間のカンバセーションでも、キャリア・ゴールの定義を明らかにするという、大事な話ができるのです。以下のようなシンプルな問いを投げかけることで、深く、心のこもったダイアログを行うことができるでしょう。

▶ どんなことをしたいですか？

▶ それをやるときは、どんなふうに進めたいですか？

▶ 誰と、どんな状況で行いたいですか？

　一人ひとりの異なるキャリア・ゴールに近づくためには、金太郎飴のような画一的な成功法はないのです。

　あなたは、「最終的には、マネジャーがメンバーのキャリア開発を背負わないといけない」と考えていたかもしれません。でも、安心してください。それは違います。

　ここで明確にしておきましょう。メンバーに気づきや自己理解を与え、自らを行動へと導くようなカンバセーションを促すことこそが、マネジャーの仕事です。質問をしたり、カンバセーションをリードしたり、振り返ったり、探求したり…。あなたはカンバセーションをリードはしますが、メンバーが主体的に行動する必要があります。

上、下、全方向へ

　メンバーのキャリア・ゴールを理解することが、まず第一歩です。そのゴールへは、いろんな方向に動きながら到達していくものです。キャリア・ゴールの達成には、以下のような意味が含まれているかもしれません。

▶ 組織内のより高い役職への昇格

▶ 横方向へのシフト

- ▶ これまでは降格や後退とみなされていたが、価値ある経験を積めるような役職へのシフト
- ▶ 契約社員やコンサルタント、パートタイマー、その他非正規な働き方へのシフト
- ▶ 今いる場所で成長する（詳しくは、2011年に Career Systems International が開発した登録商標プログラム『CareerPower』を参照）

　多くの人にとって、上方向へのシフト（昇格）が最も想像しやすいキャリアの形かと思います。トップに近づくほどポストの数は限られてきますが、それでも縦方向のシフトは重要で、必要なものに変わりありません。社内の人材が充実し、さらに上のポストで挑戦するために準備ができている高スキルな人がたくさんいる状態が実現できれば、組織はもっと繁栄するでしょう。

　ですが、社員が成長のために目指すべきは、必ずしも上方向とは限りません。実際、今日のフラット化する組織においては、横方向のシフトが「昇格」を意味することもよくあるのです。

「寄り道」は「退場」とは違います

　いま、自組織についてより理解を深めるということが、ますます重要になってきています。階層が大きく変わらなくても、別のポストに就くことで視野を広げることができます。自社のビジネスについて全体像をつかんだ上で、仕事を行うことができるようになるでしょう。また、新たなネットワークを広げることもできますし、今日とても重要なアジリティを高めることもできるでしょう。

　別の選択肢として、あまり人気はありませんが、下方向へのシフトというやり方もあります。組織図上では今より下のレベルにあるポストに異動することが効果的で、尊敬に値し、そして場合によっては戦略的であるということを、どうしたらわかってもらえるでしょうか。答えは、まず自分自身で実践してみることです。

> マネジャーは、それが「**降格**」ではないということを、
> メンバーが理解するサポートをしなければなりません。
> 交通渋滞を避けて**車線変更**をしてみると、
> 新たな景色を見ながら
> ドライブすることもできるようになるのだと。

　意図的に後退することが、一番スマートなシフト（ゴールへの近道）である場合もあります。

> 「壁の貼り紙を見て思ったのです。うちの部署はもうすぐ外部委託業者に取って代わられるだろうと。今の会社に残って、いつかはもっと大きなプロジェクトをリードしてみたいと考えていたので、別の部署に異動することを決めました。3人のメンバーをマネジメントする立場から、一般社員のポジションに移ったのです。正直に言うと、しばらくの間プライドは傷つきましたが、すぐに持ち直し、新しいお客さまのことをたくさん学ぶようになりました。今自分がいる場所にたどり着くために、とても必要な経験だったと思います」
>
> —エンジニア

　本人にとって、受け入れ難い選択肢かもしれませんが、下方向へのシフトがキャリア・ゴールへ近づくためには最良の道である場合も多くあります。
　また、今いる場所で成長することもできます。この選択肢はとても深く、気づきが多い部分ですので、次章全部を使って説明したいと思います。ぜひ続けて読んでみてください。
　上方向だけが成長ではないことは明らかです。たとえ、トップに行くことが最終的なゴールであっても、私たちが身を置くビジネスの世界でキャリアを歩むときには、ボルダリングの壁を上るときのように、目的地への行き方は実に多様なのです。

もしも…

- メンバーがキャリア・ゴールをどう定義しているかについて、しっかりと理解できているとしたら？
- 従業員が、キャリアにおける成長や前進について、「はしご」ではなく「ボルダリング」のイメージをもてたら？
- 皆が自身のキャリア・ゴールを、さまざまな方向へのシフト（寄り道、横方向、上方向、下方向など）を組み合わせて、目指すことができたら？
- 今いる場所で成長することが、もっと一般的で、皆が取り入れたいと思うような育成や成長をすることの選択肢になったら？

第7章

今いる場所で、違う景色を楽しむ

Same Seat, New View

私の友だちは7年間同じ部署で働き、その間ずっと同じ上司についていました。退屈そうだと思うでしょう？　でも、ちっともそんなことなかったんです。彼の上司はさまざまな観点から仕事に取り組むよう、常に彼を促し、あの手この手で彼が自分の強みを高め、仕事でそれを発揮できるようなサポートをしていました。私は数年おきに転職していましたが、そんな私よりもずっと彼は成長したと思います。私も、彼の上司のような人と一緒に働きたいですね。

—従業員（あなたのメンバーかもしれません）

　いかがでしょうか。前章でインサイトや可能性、下方向・上方向・横方向へのシフトなど、いろいろとご紹介してきましたが、マネジャーの皆さんの中には、こうした言葉に少し抵抗を感じている方もいるのではないでしょうか。新しい役割にチャレンジしてもらうことで、メンバーが自らの目標に向かってさらに成長できるようサポートをしたいと考えても、それがいつも可能であるとは限りません。

　キャリア開発の会話自体を避けたがるマネジャーが多いのは、そのせいでもあります。実現できないようなことに期待をもたせると、希望のキャリア・シフトの実現が難しい場合に、メンバーのモチベーションを下げてしまうことになるからです。

理想は大きく、一歩は小さく

　「これまでについて」と「これからについて」のカンバセーションが重なる部分に、本人が成長できる可能性のインサイトが隠れています。それは、役割の変更を伴う場合もありますが、今いる場所で実践できることが、実に多くあるのです（これは部下の成長を願うマネジャーへの朗報となるでしょう）。

　成長とは、今も昔も、上・下・横方向へのシフトを伴うとは限らないのに、なぜかそうであるという考えだけが強調されてきてしまいました。適切なサポートがあれば、今現在担っている役割の中で十分に成長することができるのです。

　今いる場所で成長するというのは、誰でも実践することができるのに、最もマネジャーに活用されていないキャリア開発のやり方です。この事実を素直に受け止めましょう。マネジャーには、メンバーの昇格や異動を自由に行う権限

はないかもしれませんが、自分のチーム内のことには、裁量が任せられているのです。今担当してもらっている役割の中で、どのように成長したり、関心のあるテーマを探ったり、能力を高めていけばよいかは、完全にマネジャーが影響を与えられる範囲なのです。

こんなことを実現したくありませんか？

▶ メンバーのエンゲージメントを高める
▶ これまで気づかなかったり、生かしきれなかったメンバーの才能を発見し、きちんとビジネスに活用する
▶ メンバーが楽しく仕事をし続けられるようにすることで、パフォーマンスの高い人材の流出を防ぐ
▶ 継続的に学び、成長することを促すカルチャーをつくる
▶ 異動や昇進など、新たな機会が訪れたとき、それをつかみ取る準備がいつもできているように、社員が必要なスキルや知識を身に付ける
▶ リーダーへの敬意や信頼を高めることで良い人材が集まり、チームのために活躍してくれる

役割の変更がなくても、メンバーが成長し、キャリア・ゴールに近づくことができるよう、サポートしましょう。今いる場所でできる成長を支援しましょう。そのためには、まずマインドセットを変えることが必要です。

肩書にとらわれる

子どものころ、いつも大人から「大きくなったら何になりたい？」と聞かれませんでしたか？　宇宙飛行士、デザイナー、医者などなど、私たちは子どものころから無意識に肩書によって物事を見ることを教えられています。そして社会人になると、「組織図のどこにいたいか」が、「何になりたいか」と同義となり、肩書による見方が強化されてしまいます。それによって、ポジションや肩書を追い求めて成長するということが起こってしまうのです。

しかし、今日の組織にはそれほど多くのポジションや肩書が用意されていません。であれば、同じ役職にとどまっている人は、迷走し、モチベーションを

失い、成長できない羽目になるのでしょうか。答えは、まったくの No です。

　ということは、マネジャーとメンバーのカンバセーションがシフトしなければなりません。「何になりたいか」ではなく、「何をしたいか」について話し合うのです。

- ▶ どんな仕事をしたいですか？
- ▶ どんな課題を解決してみたいですか？
- ▶ どんなチャレンジに取り組みたいですか？
- ▶ どんな商品、テーマ、顧客を扱ってみたいでしょうか？
- ▶ どんなことを達成したいですか？
- ▶ どんな成果を残したいでしょうか？

> 「前から肩書にはあまり興味がなく、私にとっては、その役割でどんな経験
> ができるかということのほうが重要でした。肩書は書類上のもので、人に
> 付いているものではないと思います」

―小売業・店長

　「何になりたいか」という会話は、必然的に限定的な会話になってしまいます。昇進できる役職や異動先は、いつでも見つかるわけではないからです。「どんなことをしたいか」という会話であれば、マネジャーとメンバーの創造性次第で可能性が無限に広がります。メンバーが今いる場所で取り組める、次のチャレンジやテーマを、常に提供することができるのが優秀なマネジャーなのです。

メンバーが今いる場所で成長するためには、
マネジャーもメンバーも
肩書で物事を考えるのをやめて、
どんな経験・知識・学習機会・スキルが、
本人にとって必要になるのかに
注目していくことが肝となります。

　何に「なる」かよりも、何を「する」かに着目すると、キャリアにおける最終的な目的（キャリア・ゴール）の定義が広がり、今の役割の中で成長することができるようになります。こうしたマインドセットやアプローチを獲得すれば、今の仕事を受け入れ、個人と組織の両方のニーズを同時に満たすことができるようになります。

　「最初は難しいと思いました。技術文書専門のメンバーが、非営利系の組織に対する補助金関連の書類を専門にやってみたいと言ってきたとき、営利組織の工場をクライアントとしている私たちのチームでは、そうしたニーズがあまりありませんでした。でも、一緒に考えていくうちに、両方に必要となるスキルがいくつかあることに気がついたのです。文章力を高めることは、現在取り組んでいるプロジェクトにも貢献し、かつ将来彼女が補助金関連の書類を作成する際にも役立つという考えに至り、営業に使う提案書など、重要な書類作成の経験を積んでもらえるようにしました。そうすることで、彼女自身のエンゲージメントや仕事への向き合い方が変わり、今ではプライベートで補助金関連のボランティア活動を行っています」

—法務部・マネジャー

　メンバーが今の役割の中で成長することを支援できるマネジャーは、彼らが成長できる機会をいつも探しています。

> メンバーが成長するために
> **必要な経験**を明らかにし、
> その経験をどのように培っていくかという視点で
> キャリア開発を考えられると、
> **可能性が広がり、**
> メンバーが今いる役割の中で
> 成長できるようになるでしょう。

あなたはどうでしょうか？

他者を、複雑かつ多様な面をもつ、面白い存在として見ている	□はい　□いいえ
メンバーが次のチャレンジへの準備が整ったかどうかを感じ取ることができる	□はい　□いいえ
今とは違った形で、または常識にとらわれない形で生かせそうな、メンバーの強みを見つけられている	□はい　□いいえ
仕事をするときに、やり遂げる方法が複数思い浮かぶ	□はい　□いいえ
どんな経験や他者とのやりとりからも、学びを得ることができる	□はい　□いいえ
「ここではそんなやり方はしない」と言われると、うんざりしてしまう	□はい　□いいえ
職務記述書（ジョブ・ディスクリプション）は、自分を縛るものというよりは、役に立つガイドラインである	□はい　□いいえ
人材を最大限に活用する良い方法を探すのが、喜びになっている	□はい　□いいえ
既成概念にこだわらないアイデアが思いつくと、わくわくする	□はい　□いいえ
難しい状況の中でも、うまく調整できる方法があると信じている	□はい　□いいえ

答えを眺めてみましょう

- ▶「はい」という答えが8個以上だった人は、メンバーが重要なスキルや知識、経験を得る機会を見つける力が、非常に高いといえます
- ▶「はい」が5〜7個の人は、成長機会を見つける力が高く、メンバーが求めているような機会を組織内で見つけられることが多いでしょう
- ▶「はい」という答えが4個以下だった人は、メンバーのキャリア成長を支援できるような機会が目の前にあっても、それに気づくことができていないと感じているかもしれません

　成長機会を探し続けるマインドセットについては、『ラヴ・ゼム・オア・ルーズ・ゼム：ゲティング・グッド・ピープル・トゥ・ステイ (Love 'Em or Lose 'Em: Getting Good People to Stay)』（第5版、ベレットコーラー、2014年）をお読みください。

(初版訳：邦題『部下を愛しますか？　それとも失いますか？』＜産業編集セ
ンター、2001 年＞)

　成長機会というのは、何かを行うことが可能になるような状況をつくれるか
ということです。この場合は、メンバー自身が最も関心をもっていることに取
り組める方法を見つけ、本人が目指すキャリア・ゴールに向けて成長を支援す
ることをいいます。

> メンバーが成長できる機会を探し続けているマネジャーは、
> **カンバセーション**を通じて、メンバーとともに、
> 可能性が広がりそうな**機会をイメージ**し、
> それを**実現**することができます。

　しかし、そうしたマネジャーでも、メンバーのキャリア・ゴールや、メンバー
がやりたいことをそのまま受け取って、「じゃあ、こうしてみよう」と解決策
を提示するという、失敗に陥ってしまうこともよくあります。自ら考え、それ
を行動に移し続けることでマネジャーになった皆さんにとって、それは無理も
ないことです。
　時期尚早にアクションを起こしてしまうと、可能性を十分に探求しないまま
に、具体的な実践に歩みを進めることになります。また、以下のようなことが
起こる可能性もあるでしょう。

- ▶ 重要なことを考えずに前に進む
- ▶ 創造性を妨げる
- ▶ 可能性を探求する前に解決策に飛びつく
- ▶ カンバセーションの幅を狭める
- ▶ さまざまな可能性を見つける目を失う

　上記のようなことを避けるために、少しペースダウンして、メンバーが最も
関心をもっていることに取り組む際に知っておくべきこと、身に付けておくべ
きスキルについて、しっかりと検討してみましょう。キャリア・ゴールに近づ
くために必要なスキルや情報、能力について考えるのです。アクションを起こ
す前に、こうしたニーズやまず取り組むべきことを明らかにします。

試してみましょう：まずは以下のことに取り組んでみます

「求められている仕事をどうやり切るか」についての話し合いをいったんやめることに合意しましょう。代わりに、成長するためにはどんなことが役立ちそうか、共に考えることに注力します。以下のような質問をすると、可能性が広がるかもしれません。

▶ キャリア・ゴールに向かうために、どんなスキルや知識が必要でしょうか？
▶ 今後取り組みたいことのためには、どんな準備が必要でしょうか？
▶ その準備として、どんな能力やスキルが役立ちそうですか？
▶ 理想のキャリアと現在の姿には、どんなギャップがありそうですか？
▶ どんなことを学ぶ必要がありそうですか？
▶ どんなスキルを身に付けていきたいでしょうか？
▶ もっと必要なことには、どんなものがありそうですか？
▶ やめたほうがよいことには、どんなものがありそうですか？

　こうしたカンバセーションを行っているとき、メンバーから以下のような反応が返ってくることが望ましいでしょう。

▶ ビジネス経験をもっと広げていく必要がありそう
▶ 今とは違う環境で経験を積むべきだと思う
▶ もっと顧客の近くで仕事ができれば、自分にとっても価値があると思う
▶ グローバルな視点を養う。それが今の自分に必要なことだ
▶ 自分で損益責任を負えるようにならなくては……
▶ サポートしてくれる人たちのネットワークを広げるのを手伝ってもらえませんか
▶ リーダーとして、もっとさまざまなチャレンジに対応できるようになりたい

以下のような反応が起きないように気をつけましょう。

▶ カスタマー・ケア部門をしっかり管理しないと……
▶ ジョンのチームに異動させてください

▶ 次回のマネジメント研修に参加させてください
▶ その質問を待っていました。あなたのポジションを私に譲ってください

　こうした反応は、メンバーが課題や機会、理想のキャリアと現状のギャップについて、しっかり検討しないまま、早急に解決策を求めてしまっていることの現れです。
　メンバーとともに、本人が描くキャリア・ゴールに向けて成長するのに役立つような、幅広いスキルや能力、情報を出し合います。機会を探し続けるマネジャーは、このカンバセーションのやり方をわきまえているのです。

一言でいうと…

　機会を探し続けるマインドセットをもっている人は、今の仕事の中で成長し続ける方法を示してくれるような言葉をたくさん使います。どんな言葉か、イメージが浮かびませんか？　以下の成長支援のための辞書を活用してみましょう。
　これらの言葉にはパワーがあり、「成長」と同じ意味を表すともいえるでしょう。思考を刺激し、時には考えもしなかったような新しい方向を指し示してくれます。また、キャリア・ゴールに向かうための推進力を高め、継続する力をもっています。ここに挙げられている言葉は、ほんの一部にしかすぎません！

成長支援のための辞書

再考する　実験する　高める　学ぶ　研ぎ澄ます
専門性を高める　深める　拡大する　広がる
広げる　強化する　つながる　観察する　挑戦する
調べる　範囲を広げる　探す　強みを伸ばす　最小限にする
加える　減らす　再訪する　共有する　増やす
よみがえらせる　強める　育む　試す　よく見る
高める　実践する　回復する　増進する　刷新する

試してみましょう：成長機会を示す言葉を探す

1. 成長支援のための辞書を共有し、メンバーがキャリア・ゴールに近づくため、つまり最も関心のあることに取り組むために必要なスキルや能力、情報とはどんなものか、考えるきっかけにしましょう

2. メンバーが必要としていること、もしくは、そうなりたいと感じていることを表す言葉を、できるだけたくさん選んでもらいましょう。たとえば、「自分のリソースをもっと広げる必要があります」とか、「交渉のスキルをもっと高めたい」などです

3. 現状を鑑み、メンバーが活用できそうな機会のアイデアをいくつか準備しておきましょう

4. それらのアイデアについて、メンバーと1つずつ話し合って、さらなるニーズを明らかにしていきます

　このようなアプローチでカンバセーションを行っていくと、成長機会の意味も、肩書や昇進することから、より実現可能な取り組みへと変化していきます。将来訪れるかわからない昇進機会を待っているよりも、現在の役割を生かすことで、今ここで成長するためのアイデアを提供してくれるのです。また、これまで成長機会を見逃してしまっていた、昇進に興味のないような人にとっても、仕事での経験を豊かにし、エンゲージメントを高め、成長を加速することができるでしょう。

あなたはどうでしょうか？

成長支援のための辞書の中で、どの言葉が心に響きますか？　自分のキャリアを高めるために、どんなことが必要で、どんなことに取り組みたいか、思いつくことはありますか？

　ここでご紹介したことを実践すれば、今いる場所で成長するための言葉を使いこなすことができるようになるでしょう。また、このプロセスを通して、メ

ンバーが今の仕事を変えることなく、新たな景色を見ることを支援する方法は無限にあるということに気づくでしょう。

もしも…

- 肩書や役割を渡り歩くことだけがキャリアだという考え方を、メンバーがやめたら？
- マネジャーが、自分が影響を与えられる範囲のこと、たとえば、現在の役割や、同じ部門・部署での成長機会の提供を最大限に活用できるようになったら？
- 皆が、今より少しだけ、機会を探し続けるようなマインドセットをもてるようになったら？
- 現在の仕事の中で成長することが、他の選択肢と同じように魅力的で、面白く、称賛されるようになったら？

第8章

実際に行動してみる

Advancing

Action

毎年、マネジャーと話し合いの時間はもつようにしています。そこでは相当な時間を割いて、キャリア開発を実践するために何が必要かを考えるのですが、ミーティングが終わるころになって初めて、実際のアクションプランを話し合うことになるのです。こんなことでは、正直、悪影響しかないと思います。将来の可能性の話で期待だけはもたせておいて、急に手の平を返したように、目の前で扉を閉められているような気分です。そして、来年の話し合いでもまったく同じことが起こるのです。

—従業員（あなたのメンバーかもしれません）

　「これまでについて」と「これからについて」のカンバセーションをメンバーと一緒に実践できると、成長し、自分なりにキャリアを歩んでいきたいと考える人に、可能性の扉を開くインサイトを与えてくれます。可能性を見つけ出すことは、とてもわくわくする作業ですし、やる気も与えてくれるでしょう。それは、将来違った役職に就くための準備をすることかもしれませんし、今いる場所で成長することかもしれません。いずれにせよ、そこで生まれた可能性は、今後のアクションに落とし込むまで、抽象度が高く、曖昧なままです。

　これは、ひとりでに実現できるものでも、偶然できるようになったりするようなものではありません。マネジャーとメンバーがカンバセーションを行うことによって意図的に取り組まなければ、アクションにまで落とし込むことはできないのです。

　専門知識を学びたい、これまでとは違った仕事の進め方を実践してみたい、自社にとって最善の取引を判別できるスキルを高めたい、より多くの商品知識を得たい、対人スキルを向上させたい。成長に関するどんな目標であっても、実現させるには、主に3つの方法があります。

試してみましょう

自身の成長に向けて活用できる（かつ、自分に合った）方法には、どのようなものがあるか、次ページにある学習のためのツールや方法、機会などについて確認してみましょう。

自身の学びや成長のために、あなたは、どのような方法やアプローチを頻繁かつ効果的に活用したことがありますか。次の中から3〜4つ選んで、丸をつけてみましょう。

🌱 業務外のプロジェクト　　　📖 E ラーニングやウェビナー

❌❌ インタビューによる情報収集

❌❌ メンタリング　　　　　　❌❌ 観察して学ぶ

🌱 アクション・ラーニング

📖 対面のワークショップ　　　🌱 役割の拡大

🌱 ジョブ・ローテーション

📖 書籍・記事　　　　　　　❌❌ ネットワーキング

❌❌ ジョブ・シャドウイング

📖 動画　　　　　　　　　　🌱 社会奉仕活動

📖 ポッドキャスト

　あなたがこれまで頻繁に活用してきた学習方法は、大きく以下の３つに当てはまります。この３つのカテゴリーは、メンバーの育成にも役立てることができるでしょう。丸をつけた学習方法の種類にも注目してみましょう。🌱、📖、❌❌のどれが多かったでしょうか。それにはどんな意味があると思いますか。

📖 **教育** ― フォーマルにもインフォーマルにもアクセスできる、さまざま
　　　　　　な情報や学び

❌❌ **人との関わり** ― 観察をしたり、指導を受けるなど、他者を通して学ぶ機会

🌱 **経験** ― 実践を通して学ぶ機会

　上記のカテゴリーについて理解を深め、３つすべてを自由に使いこなすことで、成長のためのインサイトやアイデアを、メンバーとともに実践に生かすことができるでしょう。

マイケル・M・ロンバルド、ロバート・W・アイチンガーによる『The Career Architect Development Planner』（第３版、ミネアポリス、ミネソタ、ロミンガー社、2000）を適用したシスコ社の事例から

学校に戻る

　学びや成長というと、3つのカテゴリーのうち「教育」を思い浮かべる人が多いでしょう。

　これまでの人生の多くの時間を使って、学習や成長を経験してきた場所が学校でした。

　職場では、「教育」はさまざまな形で活用されます。学校のようなものもあれば、新たな形のタイプもあります。たとえば、研修を例に取ると、思いつく限りあらゆるテーマを扱った研修があるといっても過言ではありませんし、コミュニティ・カレッジ（公立の二年制大学）には、必要な知識やスキルを得られるコースが用意されていて、中には学生向けでないものもあります。

　「教育」というのは、対面の集合研修だけではありません。たとえば、Eラーニングや MOOCs（Massive Open Online Courses）であれば、好きな場所とタイミングで、個人向けの学びを提供してくれます。TED トークなどの動画は、いつでも自由に視聴して学ぶことができます。インターネット上には有益な情報やツールであふれています。たとえば、MIT のホームページでは、オンライン・コースのカタログを無料で閲覧することができます。また、ウェビナーやオンライン・コースは、世界中の人とつながって教育を受けることができるのです。

試してみましょう：「教育」を活用する
・・

マネジャーの仕事とは、メンバーに進むべき方向性を示すこと、もっと言えば、必要なスキルや知識が得られる研修に参加させてあげるだけで十分だと考えているかもしれません。だって、成長するかしないかは、最終的にはメンバー次第なのですから。でも、そういった考えは捨ててしまいましょう。マネジャーから成功するようにサポートを受けたメンバーこそが、「教育」を最大限に活用することができるのです。以下のようなステップで支援できるとよいでしょう。

1.　事前に、マネジャーとして期待していることをメンバー本人に伝えましょう。
　　メンバーとカンバセーションを行うことで、「こころ」も「あたま」もしっかり

と学びに集中できるようサポートします。質の高い問いを投げかけることで、目的をもって学ぶことを促すことができます。

- 自分のキャリアゴールに向かってキャリアを進めていくために、ここでの学びはどのように役立ちそうですか？
- 具体的に何を得たいですか？
- 学んだことをどのように活用しますか？
- 学びを実践していく上で、どんな課題や困難がありそうですか？
- そうした課題や困難に、どのように対応しますか？
- この学習機会を最大限に活用するために、どんな努力を行いますか？
- 私からはどんな支援が必要ですか？（この質問をすると、仕事が増えてしまうと思って躊躇してしまうマネジャーが多いため、この質問は任意で構いませんが、ぜひ試してみてください。ほんの小さな支援が、メンバーにとって思ってもみなかったような、大きな学びにつながることを目の当たりにして、きっと驚くことになるでしょう）

2. 時間を確保してあげましょう。メンバーを研修に送り込むのは簡単ですが、本人が集中して研修に取り組めるよう、その時間を確保してあげることのほうが難しいのです。研修の途中に呼び出したり、ウェビナーの受講中に邪魔をしたり、他のことを優先して学習機会を奪ってしまうと、学びや成長を軽視されていると感じてしまうでしょう。事実、学習の支援体制に関して、メンバーから最もよく聞かれる苦情は、マネジャーの言っていることと実際の行動が乖離しているということです。ですから、「教育」を業務と同じように捉えましょう。本来はそうあるべきなのです。

3. 学んだことを活用する機会を用意しましょう。新たに学んだスキルや知識を定着させて伸ばすには、実際に活用しなければなりません。「教育」を受ける事前・最中・事後のメンバーに伴走し、学んだことを適用し、伸ばし、強化するために、有効かつ有意義な方法を一緒に模索するようにします。

4. 振り返りの予定を立てましょう。（詳細については後ほど解説します）

「昔はあらゆるものの解決策が研修でした。でも、予算削減や生産性向上の圧力もあり、マネジャーは、時間もお金も掛かる研修にメンバーが参加し、どうやったらそれに見合うような価値を得られるか、慎重に検討するようになってきています。総じて、マネジャーは研修の導入部分と、終了後により関心をもって関わるようになり、結果、その効果が出ていると思います」

ートレーニング・ディレクター

職場での知恵に触れる

　ここまで読んでくださった皆さんなら、この本の決り文句を暗唱できるでしょう。「マネジャーがすべてやる必要はないのです」。自らがもつネットワークを駆使して、メンバーが必要な学習機会を得られるようにサポートしましょう。キャリア・サポートに関わる人が多ければ多いほどよいでしょう。

「どんなに時間があったとしても、メンバー全員に必要なものをすべて与えることはできないのだと気づいてから、気持ちが楽になりました。社内には、メンバーが必要な学びを提供するのに、私よりもっと適した人がたくさんいるのです」

ー営業マネジャー

　メンタリング、同行、コーチング、ネットワーキングなどの学習機会は、実質的なコストは掛かりませんが、効果的な学習方法であるとともに、組織的な結果につながる成果をもたらしてくれる可能性さえあります。自分が必要としている学びを提供してくれる、最も適した人が誰であるかを見定めることが重要なのです。以下の質問を参考にして、メンバーとの対話を始めてみましょう。

▶ ……といえば誰でしょうか？
▶ どの集団・チームが……の経験をもっているでしょうか？
▶ ……の領域で尊敬している人は？
▶ ……についてアドバイスをくれる人を知っていそうなのは誰でしょうか？
▶ ……のスキルや能力を発揮している人は？

学習の機会提供についての新たな視点

　メンバーが学習し、成長しようとするとき、自分は何を得ることができるかということばかりに注目しがちです。それは無理もないことです。しかし、時として最も深い学びというのは、自分が誰かに何かを与える、提供する側になったときに生まれるものです。

　これまでメンタリングといえば、知識のある人が、学習が必要な人に対して一対一の形を取り、豊富な知識に基づいた知恵やアドバイス、洞察を提供するといった、一方的に行われるものだと考えられてきました。しかし、日々変化する今日のビジネス環境においては、多くの人がこうした古いメンタリングのコンセプトに疑問を抱くようになっています。その要因としては、以下のようなことが考えられるでしょう。

▶ すべてを完璧に理解している人などいません。ですから、積極的に自らのネットワークを広げ、そこから学びを得ることが必要になってきます。これまでのメンター一人、学習者一人といった師弟関係の形は、もう時代遅れです。今後は、モザイク的なつながりの中から学びを得ていくことが、普通になっていくでしょう。

▶ 学びとは、相互に与え合うものです。多様な人と働く職場では、どんな人からも何かしら学びを得ることができます。賢明なメンターであれば、人に教えるのと同じくらい、自分も相手から学ぶことができるのです。

「若手のメンタリングに力を入れているのは、完全に自分のためです。私のほうが数多くの案件を経験してきて、法律の知識も豊富にもっているかもしれませんが、それだけです。
若い人は、今私が習得しようとしている、新しいデータの収集・整理の手法を知っていますし、慣習にとらわれずに仕事をすることができ、いつも新しい気づきを得ています。私は若手から、自分が提供する以上の価値を得ていると思います」

ー弁護士／シニア・パートナー

　人に教えるということは、最高の学習機会となることもあります。先進的な

教育者であれば、ずっと前からそのことを理解しています。自分が教えを請う人と、自分が何かを教えられる人の両方を探す必要があるのです。人間同士の相互作用、リーダーシップやコミュニケーションなど多くのことが学べますし、これらも一例でしかありません。

　メンタリングや同行、ネットワーキングから学ぶ際には、知識やスキル、経験を共有してくれる人との関係性を深めていくことになります。相手は、同僚、上司や部下にあたる人、他部署の人、組織外の人など、誰でも結構です。インターネットを使えば、もっと可能性が広がります。マネジャーがきっかけをつくったり、知り合いを紹介してあげることもできるかもしれませんが、その後は本人が主体的に学んでいく必要があります。

> 今日では、メンタリングとネットワーキングの違いが
> だんだんと曖昧になってきています。
> **「メント・ワーキング (mentworking)」**の
> 時代へようこそ！

「経験」をつくり出す

　「教育」や「人との関わり」も、メンバーの成長を支援するのに非常に有効ですが、実際に「経験」することに勝るものはありません。最もパワフルで効果的な学びであるといえるでしょう。

　5人のメンバーに、これまでの人生で最も貴重な学びは何だったか、その学びはどこから生まれたのか、聞いてみましょう。教育やトレーニング、他者を通して学んだという人は半分以下ではないでしょうか。時間が経っても心に残るような気づきは、「経験」（しかも、多くの場合は厳しい現実）を通して学んだものです。

あなたはどうでしょうか。

あなた自身がこれまでの人生で得た学びを５つ挙げてみましょう。それぞれについて、いつ、どこで、その気づきがあったのか、思い出してみましょう。５つのうち、「教育」や「人との関わり」から生まれた学びはいくつありましたか。一般的には、５つのうちのほとんどが、「経験」から得られている場合が多いようです。

「経験」を通して学ぶことは、マネジャーが探し続けてきた究極の答えとなり得ます。学びの多くが実践を通して生まれますし、職場にはやるべき仕事がたくさんあります。学習機会を求めている人と、仕事の振り分けの２つをうまく組み合わせれば、組織と個人のニーズを同時に満たすことができるのです。まさに最高の組み合わせといえるでしょう。

「経験」を通して学ぶのは、仕事の中に学習を取り入れることであるともいえます。それを「埋め込み型」と呼ぶ人もいますが、私たちはシンプルに、効果的・効率的に成長支援を行う方法であると考えています。

> 「OJT は、私が一番気に入っている学び方です。それが一番効率的だと思っています。メンバーは必要な学びを得ると同時に、実際の仕事を行って価値を生み出すことができるからです」　　　　　　　　　　―財務スーパーバイザー

「経験」というと、大層なことのように聞こえるかもしれませんが、躊躇する必要はありません。メンバーを海外に送り込んだり、新しい部署をつくってそのトップに就かせることも、もちろん素晴らしい経験ですが、ここで取り上げているのは、そんなことではありません。

> **マネジャー自身の権限**、**組織のニーズ**、
> そして、**メンバーが目指すゴール**を
> 組み合わせることで、
> 「経験」から得られる学びを最大化できるのです。

以下の組み合わせを考慮に入れれば、選択肢は無限にあるといってもよいでしょう。

- ▶ チャレンジングな役割・課題
- ▶ 業務外のプロジェクト
- ▶ 将来予定されているイベントや機会
- ▶ 部署内異動
- ▶ アクション・ラーニングを行うプロジェクトやチーム
- ▶ ジョブ・シャドウイング*
- ▶ コミュニティ・サービス

＊職場で行う学習方法の1つ。新入社員や新しい役割・部署に就いた人が、他者の仕事ぶりを観察・体験して、求められる行動やコンピテンシー、仕事の内容などについて学ぶ。

実践的で、かつ、その時々で学びを得るような経験ができると、メンバーの成長に最も効果的です。リアルなビジネス課題に向き合い、解決策を生み出していく経験に代わるものはありません。私たちは日々、さまざまなビジネス課題に直面しているのですから、クリエイティビティを発揮して、それらを有効活用すべきなのです。次の例を見てみましょう。

たとえば、こんな成長ゴールがあったとします。	その場合、考えられる「経験」には、以下のようなものがあるでしょう。
● 顧客が自社製品やサービスをどのように使っているのか、より深く理解する	● 顧客インタビューを行い、結果をレポートにまとめ、気づいたことを会議で発表する
● マネジメントやコーチングのスキルを培う	● 新しく配属されたメンバーと一緒に、ゴールを設定し、スキルを育み、フィードバックやコーチングを提供する
● 自社サービスの提供範囲を広げるという課題にもっと向き合う	● 他エリアを担当している人が休暇中に、代役を務める

経験学習の流儀

　メンバーの経験学習を支援しようと取り組む前に、マネジャーが知っておくべきことが3つあります。

▶ 目的と関心があれば、どんな経験も学習や成長の機会になり得ます。実際に取り組むこと自体は、大きなことでも、派手である必要もありません。メンバーが学びを得ようとしているか、学びを振り返ることができるかによって、どんなに小さく、取るに足らないようなことからも学習が生まれるのです。

▶ 経験学習に失敗はありません。失敗から学べばよいだけなのです。実際の成果は、そこから得られた学習の質とほとんど相関関係がありません。むしろ、人間は困難や失敗からのほうが、多く（かつ素早く）学ぶことができるという専門家もいます。メンバーが経験したことから、できるだけ多くの気づきや学びを獲得するのをサポートすることが大切なのです。

▶ 学習は選択するものです。そして、その選択は本人の主体性に委ねられています。メンバーが積極的に行動し、学びを得ようとしなければ、意味がありません。マネジャーは、どのように学ぶかという学習方法の検討に対して支援をすることはできますが、自らの学習に対して責任をもつのは、メンバー自身であるべきです。

> **よくできたキャリア開発プランの90%は……、**
> **うまくいきません。**

　メンバーと話し合って決めたキャリア開発プランが、この90%に陥らないように気をつけましょう。プランについてもう一歩踏み込んで考え、カンバセーションを通して本当の意味でのキャリア開発支援を行うのです。

学習計画に合意しましょう

「教育」「人との関わり」「経験」のどれを選んでも、計画を立てる必要があります。カンバセーションを通して、マネジャーとメンバーが一緒になってその計画をつくっていきます。一番良いのは、メンバーと実際に話し合いながら、お互いが合意できるような決め方です。合意したものは、しっかりと記録し、メンバーが責任をもてるようにしておきます。本人のキャリアゴールと整合性が取れていて、組織のニーズともマッチしているのが理想的です。

記録 — 記録に残しておくと、合意した計画の重要さや、マネジャーとメンバーの両方が真剣に受け止めていることが伝わります。定期的に思い出したり、フォローアップを促す意味でも効果的です。もちろん、石に刻み込むのではなく、紙やパソコン上に記録します。そうすれば、いつでも変更でき、動的で、いつも現状に沿った計画にできると感じられるでしょう。

メンバーの主体性 — もしメンバーの合意が得られなかったら、実施すべきではないでしょう。メンバーが自分の学習計画に責任をもち、それを実践するためのエネルギーと覚悟を自ら生み出していく必要があります。フォーカスが絞られており、他業務と並行して取り組むことが可能で、本人に合った学習計画さえあれば、メンバーの主体性が高まるでしょう。

キャリア・ゴールとの整合性 — 学習計画とメンバー自身の短期・長期ゴールのつながりを見ることで、これから取り組むことに価値があるかどうかを考えることができます。難しい状況に直面したときでも、この2つの整合性が取れていると、集中力とエネルギーを保ったまま、より大きなキャリア・ゴールに向かって前進していけるでしょう。

組織のニーズ — 現実に目を向けてみましょう。活用できるリソースは限られていますし、得られる支援体制も不安定なものです。リソースも支援も、いつ減らされてしまうかわかりません。そんなときにも、メンバーの成長支援が脅かされないようにしましょう。メンバーが学習や成長のために行っていることが、組織全体にとっても直接的な利益になっていれば、脅かされることなく、安定して支援を行うことができるでしょう。

計画の振り返り

　成長のために行う取り組みは、十分に振り返りをし、学んだことを明らかにするまでは、ただの「取り組み」でしかありません。経験することに集中し過ぎて、そこから得られたものを振り返ることに時間を割かない人が多くいます。ここでも、真に成長を支援するためには、カンバセーションが重要になってきます。以下のような簡単な質問を用いて、学んだことを振り返るための対話を行うとよいでしょう。

▶ そこから何を学びましたか？

▶ どんなところでつまずき、成長の機会となったでしょうか？

▶ どんなことに引っ掛かり、難しさを感じたでしょうか？

▶ どうしてうまくいった（いかなかった）と思いますか？

▶ 次も同じことをやるとしたら、どんなことを工夫しますか？

▶ 取り組む中で、自分についての発見はありましたか？

▶ 自分の中で大事にしていたルールや、拠り所のようなものはありますか？

▶ 今回の学びや気づきを、将来どのように生かすことができると思いますか？

▶ 今回の学びや気づきは、別の環境や状況ではどのように生かすことができると思いますか？

▶ この経験から得た学びは何でしょうか？

　上記の質問を1～2個投げかけ、メンバーが自身の経験から得た学びを明確化し、今後に生かすことができるようにサポートしてみましょう。

　このような会話のプロセスの中で、メンバーの学習や成長が確かなものになっていくのです。また、このような振り返りをサポートできるのは、マネジャーだけではないことも覚えておきましょう。同僚同士で振り返りを行い、自分たちで主体的に学んでもらうのです。あるいは、直属以外の、より階層の高いマネジャーとカンバセーションを行うことも有効です。普段あまり話さないマネジャーと顔を合わせることで、その人のことをより知ることができたり、気づきを得ることができるでしょう。

　メンバーの中には、人の成長をサポートしたり、率直な意見を伝えたり、同僚と建設的な議論を行うスキルを高めたいと思っている人がいるかもしれませ

ん。そういった人には、メンバー同士で振り返りを行うこと自体が、成長機会になると思いませんか？　成長機会はクリエイティビティ次第で無限になるということを忘れないでください。

数分間カンバセーションを行うだけで、
日々のペースを緩め、振り返りや深い気づきを得たり、
得られた学びを**言語化**したり、
新しく得たスキルや知識を**どう活用すべきか**
考えてみたりすることができるのです。

「これまでについて」「これからについて」「インサイト」のカンバセーションからは、大きな可能性が生まれてきます。しかし、可能性やインサイトについて話すだけで、それらを実行に移さなければ、可能性を明らかにしなかったときよりも、エンゲージメントや従業員満足度は低下することでしょう。

そんな残念な結果になるのはもったいないと思いませんか。なぜならマネジャーには、「教育」「人との関わり」「経験」という３つのパワフルな方法によって、まだおぼろげで曖昧なものを、目に見える行動に変換する力があるのですから。

もしも…

- どの役職のどんな人も、他者から学べることがないか、逆に他者に教えられることがないかを意識できたら？
- マネジャーとメンバーが一緒になって、成長のためのアイデアをアクションに変換することができたら？
- 学習の取り組みを行った後、振り返りを行い、学んだことを話し合うまでが学習であると捉えることができたら？

第9章

日々の仕事の中で成長する

Grow

with the

Flow

私自身は、面と向かい合って大げさに話す必要はないと思っています。むしろ大げさでないほうがいいですね。一個人のキャリアというパーソナルで重要なことなのに、年間スケジュールに組み込まれているというのは、変じゃないでしょうか。シロアリの検査みたいですよね?

—従業員(あなたのメンバーかもしれません)

　有意義な成果を生み出したいと思うなら、キャリア開発をカレンダーから消して、日常に持ち込みましょう。

　実際には何が起こっているか、よくわかっています。IDP (Individual Development Plan) のスケジュールやプロセスに沿って、キャリア・カンバセーションが起こることを期待している組織は多くあります。これが、メンバー自身の成長について対話ができる唯一の機会となっている場合もあります。しかし、我々の研究によれば、IDP のプロセスが存在しても、調査対象者の20%近くが、年に一度もカンバセーションを行えていないということがわかっています。

　多くの企業が、年に一度しか行われないパフォーマンス・マネジメントを廃止し、より頻繁で継続的なやりとりやカンバセーションに移行している中、キャリア開発にも同じ流れが来ているといってよいでしょう。

　もちろん、通常行われる、スケジュールの定められたキャリア・カンバセーションに反対しているわけではありません。ただ、それだけでは、うまくいかないのです。

年間計画に組み込まれた面談を、日常的なカンバセーションで補いましょう

　キャリア開発が職場の日常と混ざり合い、未来を織りなしていくためには、より今の時代に即した、本質的かつ効果的なやり方で、日常的にカンバセーションを行い、年間計画に組み込まれた面談を補っていくことが求められています。

　2つのアプローチの違いを見てみましょう。

古いやり方	vs.	新しいやり方
年に1度の面談まで、言いたいことをすべて保留しておく。(それが11カ月と3週間先でも)		リアルタイムの実践：何か起こったり、耳にしたら、すぐにメンバーと話すイメージ。(ポジティブでもネガティブでも) 感情が新鮮なうちに会話することで、より受け止めやすく、深い気づきや学びをつかみ取りやすくなる。
前もって決められたタイミングで行う、形ばかりのカンバセーション。マネジャーもメンバーも、組織から実施を義務付けられている。(11カ月と3週間前から書き残しているため) 意味を成すような、成さないようなメモを見ながら行う。		本質的なカンバセーション：現実に即していて、即時のフィードバックに基づいた、本来の意味でのカンバセーション。
喉が渇いたら、バケツで水をがぶ飲みするように、一度に大量の情報が渡され、また来年まで何も飲まずに過ごさなければならないような、一括処理アプローチ。		継続的アプローチ：何度も繰り返し行うアプローチ。情報は理解できる量だけ、気づきや洞察は時間を掛けて少しずつ、成長計画も少しずつ、必ず実践可能な形でステップを踏んで行う。

　新しいやり方は、お好きなように呼んでいただいて結構です。その時々の〜、その場で〜、文脈ありきの〜、すぐに行う〜、一口サイズの〜、やりながら〜、即興、ナノ・コーチング、ステルス (隠れた) 育成など…。私たちは、「日々の仕事を通して行う育成 (成長)」と呼んでいます。

> 「何年も前に、キャリア開発というのは、計画的に起こるものではないということに気がつきました。年に一度の面談もよいのですが、その場は特に記憶に残っていることについて話し合ったり、1年の総括に使うようにしています。むしろ、本来の成長やそのチャンスが転がっている日常の中で、他者の成長をサポートできるような役割を担うように心掛けています」

一中小企業担当の銀行員

成長支援のための雑談

　「日々の仕事を通して行う育成」とは、定期的なミーティングの実施にとどまらないということです。むしろいろいろな意味で、定期的なミーティングを行うより、もっと負担の少ないものといえます。たった1〜2分という短い時

間で行うことができたり、立ち話をしたり、職場の作業スペースでやりとりするといったカジュアルな形も可能です。また、まったく偶発的に始まり、アジェンダやメモもない場合もあるでしょう。仕事とは思えないですよね？

　ただ、都合の良いことにはたいてい、その反対もつきものです。日常の中で育成を行うということは、時間の節約にもなり、きっちりとした計画も必要ありませんが、マネジャーは常に受け身でいてよいというわけではありません。メンバーに、より関心を寄せることが求められるのです。

　こうしたやり方を実践するとき、マネジャーには新たな役割が否応なく課せられます。職場のあらゆる所でメンバーと雑談し、身の回りに散らばっているヒントに気づく感受性を高める必要があるのです。また、いつも目の前の育成機会を見逃さず、行動することが求められます。

　ヒントに気づく感受性と書きましたが、考えてみれば、これはある種の好奇心として捉えることもできます。

感受性 とは、好奇心 の現れ

　カンバセーションで好奇心を発揮できるように努力しているなら、周囲の環境を好奇心をもって見てみることに、大きな違いはありません。ここでいう好奇心とは、水面下で起きていることに注意を払うこと、「ここから学べることは？」という問いをもって状況や出来事を見ること、周りで起きていることを育成のチャンスとして捉えることをいいます。

ヒントに気づく

　いつもと違う角度から物事を見てみると、理解が進むことがあります。そこで、業界を問わず数千人を対象として調査を行い、メンバーはどんなとき、マネジャーが重要なキャリア・カンバセーションのチャンスを逃してしまったと感じるかを尋ねてみました。次のリストの中で、調査結果として挙がってきたのはどれだと思いますか？

▶ メンバーが新しいことを学びたいと打ち明けたとき

▶ 職責やゴールの変更があったとき

▶ メンバーが心配事や不安を相談してきたとき

▶ 新しいプロジェクトがスタートしたとき

▶ プロジェクトが終わったとき

▶ 業界や組織の動向が不確実なとき

▶ メンバーが新たな仕事や役職にチャレンジすることを決めたとき

▶ 新しい仕事や役職を引き継いだとき

▶ 新しい資格を取得したり、表彰されたとき

▶ メンバーからある仕事について質問があったとき

▶ 重大なミスが起こったとき

▶ 小さなミスが起きたとき

▶ ある仕事に対していつにも増して頑張っていたとき、あるいはいつも以上に関心を寄せていたとき

▶ 努力や関心が足りないと感じられたとき

▶ メンバーが読んで、見て、聞いて、興味深いと思ったことを共有してくれたとき

▶ 仕事の節目で進捗通りに進んでいたとき

▶ 進捗状況が芳しくなかったとき

▶ メンバーが仕事に苦労していたとき

▶ 仕事がうまくいっていなかったとき

▶ 仕事がうまくいっていたとき

　どれが答えか、決まりましたか？　ここで、ネタバラシです。実は、どんな役職、階層、業界の人からも、上記すべてのタイミングで、キャリア・カンバセーションが行われなかったという回答が得られています。

あなたはどうでしょうか？

上記のリストをあらためて眺め、直近1週間で自分の身に起きたもの、つまりあなたの上司がキャリア・カンバセーションを持ちかけるチャンスであったタイミング

に印をつけてみましょう（あなたの本ですから、気にせず書き込んでください）。

今度は、直近1週間で、自分のメンバーの身に起こったものはあるか、考えてみましょう。あなたは、その中でいくつのヒントに気づいて、メンバーとカンバセーションを行うことができていたでしょうか。

～～～～～～～～～～～～～～～～～～～～～～～～～～～～～～～～～～

　日々の仕事の中で育成を実践するためのヒントは、物事がうまくいっているかどうかにかかわらず、豊富に存在しています。締切に間に合ったり、間に合わなかったり、成功したり、失敗したり。そうした場面すべてが、リアルな仕事を育成の機会にするチャンスなのです。マネジャーは、そうしたチャンスを探し続ける習慣を身に付ければよいだけなのです。

いったん手を止め、一呼吸置く

　ヒントに気づくことが最初のステップだとしたら、ステップ2はどんなものがあるでしょうか。一呼吸置くことです。育成の機会を十分に活用できるよう、電化製品の一時停止ボタンを押すように、少しの間今やっていることの手を止めてみましょう。

　一呼吸置くことで、あらためてその場のエネルギーを成長支援やそのための情報提供に向けることができます。

　その場で偶発的に（しかし意思をもって）行うカンバセーションを通じて、日々の仕事の中で育成を行うことは、ビジネスのリズムを保ちながら、リアルタイムのカンバセーションを繰り返し行うという、育成本来の性質にかなっています。ヒントを捉えたら手を止め、年に1度だけではなく、日々の中で成長を促していくのです。

自分なりの育成アプローチを見つける

　日常の中で成長するというのは、本書の中に散りばめられた問いやアプローチを使ってカンバセーションを行う以外の何物でもありません。チャンスを捉

えて育成の機会に変えるために、必要なものはすべてこの本の中に収められています。

　どんな問いでも結構です。「これまでについて」「これからについて」「インサイト」を深堀りできるような問いを、ご自身で選んでみましょう。

　メンバーがあるプロジェクトで苦労しているようなら、自らをあらためて振り返り、仕事に良い影響を与えている本人の強みや、今後身に付けるとよさそうなスキルを一緒に探してみます。（**これまでについて**）

> 「不思議に思うかもしれないけど、物事がうまくいかないときは、メンバーの強みに注意を払ってみる最高のタイミングだと思います。自信喪失している本人の助けにもなるし、大体の場合、現状を打開するためのヒントが浮かび上がってくるのです」
>
> 　　　　　　　　　　　　　　　　　　　　　　　　　―科学者／研究責任者

　メンバーが競合についてのニュース記事を共有してくれたときには、自分たちの業界や組織にどんな影響がありそうか、考えてみます。（**これからについて**）

> 「日々の仕事に飲み込まれてしまいがちだけど、メンバーが広い視野をもてるようになる機会がないか、いつも気に掛けています。それが自組織のためにも、個々人のためにも良いことだと考えています」
>
> 　　　　　　　　　　　　　　　　　　　　―ホスピタリティ・チーム・リーダー

　メンバーが難しい仕事を終えたときには、カンバセーションを行って、どんな課題に向き合い、何を学び、学んだことをどう生かすことができたか、話し合ってみます。（**インサイト**）

　「これまでについて」「これからについて」「インサイト」の問いを活用すれば、キャリア開発を日常の仕事に取り入れるきっかけとして、大いに役立つでしょう。これら３つの問いを織り交ぜることができれば、最強のカンバセーションになるでしょう。

　仕事の中で他者を育成することが習慣化すれば、その効果は自然と現れてきます。日々の中で積み上げてきた取り組みが功を奏し、定期的に予定されてい

るキャリア・カンバセーションの質も高まり、より効果的になるでしょう。また、時間が経つにつれて、メンバーが自らそのヒントに気づき、一呼吸置いて探求し、主体的に成長していくようになるでしょう。そして、こうした効果はこれだけにとどまることはないのです。

もしも…

- 自らのキャリアをダイヤモンドの原石であると捉え、時間を掛けて頻繁に磨いていくものだと考えられたら？
- 日々の仕事を活用して育成を行うことが習慣化できたら？
- 年に１度のキャリア・カンバセーションが、それまで日常の仕事の中で実践してきたキャリア・カンバセーションの集大成だとしたら？

第10章

カルチャーを変える

Culture

Shift

会社からは、私たちのキャリア開発が大事だといわれます。でも、それは会社にとって都合がよい、人事が設定したプロセスの範囲の中だけのことですよね。

—従業員 (あなたのメンバーかもしれません)

　マネジャー一人ひとりの行動は非常に重要です。何を意図して、メンバーとどんな関係を築き、どんなやりとりをするのかが、その組織におけるキャリア開発の重要性を物語ることになるからです。マネジャーの行動が、そこで働く一人ひとりの人生に影響を与える可能性があるといっても過言ではないでしょう。

　話を聞いてあげたり、一人ひとりを承認し、価値ある存在であると認めたり、信頼したり、成長を支援したり。マネジャーのこうした行動は、メンバーの心に響きます。また、キャリア・カンバセーションを日常的に行うように努力していれば、自然とこうした行動は起きてくるでしょう。

　さらに、一人のマネジャーの努力が、一人のメンバーに対して大きなインパクトをもたらすのだとしたら、組織のカルチャーがそこで働く人一人ひとりにもたらす効果は、絶大なものだと想像できるでしょう。

> キャリア開発を語るとき、
> **カルチャー**はとても重要な要素です。

　人の成長を支援するようなカルチャーは、階層や職位、ルール、慣習や常識、感情を超えて、組織全体を変えていく力になります。カルチャーにフィットしない人は、長続きしません。そこに賛同して残るか、合わない人は他を探すしかなくなるでしょう。

　こうしたカルチャーが醸成される過程で、組織全体がキャリア開発の効果を享受でき、組織が活性化します。エンゲージメント、顧客満足、自発的努力、売上、イノベーション、リテンション、品質、生産性、評判、愛社精神、利益といったものに影響を与えるでしょう。

　キャリア開発を積極的に支援するカルチャーをもち、その副次的な効果を享受できている組織には、さまざまな形態があります。それらの見た目はそれぞ

れまったく違って見えるかもしれません。しかし、営利・非営利組織、モノまたはサービスを扱う組織、大規模または小規模な組織、ハイテク・ローテク組織、公的・民間組織など、どんな組織でも、深いところでは、以下の５つの基本特性を共通してもっています。この５つによって、成長を支援し合う組織のカルチャーが生み出されているといってもよいでしょう。

ご自身の組織はいかがでしょうか？　以下の短いアンケートで現状を見つめ、「現実的で長続きするキャリア開発」の実践を支えるカルチャーへの変革に向けて、自分ができることを確かめてみましょう。（あなた自身の本ですし、ぜひこの本に直接記入して、アンケートに答えてみてください。必要であれば、以下のリンクからもダウンロードしていただけます＜英語のみ＞。www.Help-Them-Grow.com）

キャリア開発を促進するカルチャーを育む

このモデルは、デザイン・アラウンズ社 (DesignArounds) が、2017 年に開発したものです。

	そう思わない				そう思う
信頼関係があり、お互いに本当のところを率直に共有していると感じられる	1	2	3	4	5
組織や個人のパフォーマンス、ビジネス戦略、活用できそうな機会など、正確かつ役立つ情報が組織のどこにいても手に入る	1	2	3	4	5

「情報のオープンさ」合計： _____

	そう思わない				そう思う
幹部、リーダー、メンバーの誰もが、質問をしたり、自由に意見交換をすることを積極的に奨励し合っている	1	2	3	4	5
リスクを取ったり、実験を行うことは、称賛され、報われている	1	2	3	4	5

「好奇心」合計： _____

	そう思わない				そう思う
人の育成が、一度きりのイベントではなく、継続的な取り組み（投資）として大切にされている	1	2	3	4	5
人の成長スピードはそれぞれで、その方法もさまざまであるということが、組織内で常識になっている	1	2	3	4	5

「成長プロセスに対する寛大さ」合計： _____

	そう思わない				そう思う
マネジャーはメンバーに必要な権限を譲り、メンバー自身が仕事の進め方について意思決定を行えるようにしている	1	2	3	4	5
変化するビジネスニーズに応じて、組織の構造も変えることができる	1	2	3	4	5

「結果へのフォーカス」合計： _____

	そう思わない				そう思う
「我々」「彼ら」といった考え方はしない	1	2	3	4	5
学習や貢献、成長の機会を探す際には、自分の担当分野以外のことにも目を向けることが奨励されている	1	2	3	4	5

「組織・チームの境界の曖昧さ」合計： _____

いかがでしょうか？　あなたの組織の得点はどうだったでしょうか？

▶ 各基本特性の合計得点が8〜10点の場合、その特性が組織内に根づいて
おり、積極的にキャリア開発を支援するカルチャーを後押しできていると
いうことです
▶ 各基本特性の合計得点が6〜7点の場合、その特性が表れることもありま
すが、キャリア開発の効果を享受するために必要なカルチャーは、十分に
構築できていないかもしれません
▶ 各基本特性の合計得点が5点以下の場合、組織のニーズに合わせてメン
バーが成長できる、または本人が期待した通りに成長できるカルチャーが
構成されていないのかもしれません

　これらの結果は、何を意味しているのでしょうか？　それ以上に、自組織の
カルチャーを変えていくために、あなた自身は何ができるでしょうか？　ぜひ、
この後を読み進めてみていただけたらと思います。

情報のオープンさ

　キャリア開発は、情報がオープンで透明性のある環境で、最も効果を発揮し
ます。情報は誰でも自由にすぐにアクセスできることが重要です。なぜなら、
パフォーマンスに関する情報や、さまざまな立場からの視点、将来の可能性に
関する情報は、まさにメンバーが自身の成長に責任をもち、ゴールに向かって
前進していくために欠かせないものだからです。情報がオープンであれば、誰
もが仕事で必要な経験やコンピテンシーと、それらを身に付ける方法について
知ることができ、マネジャーやリーダーにとってフィードバックやコーチング
の優先度が高まります。またメンバーにとっても、自分のパフォーマンスを高
めたり、成長するために、次に取るべきアクションがわからずに途方に暮れる
こともなくなります。こうしたことが実現できれば、組織内に信頼が生まれ、
本当のことを言い合えたり、情報共有を促進するようなカルチャーが強化され
るでしょう。

試してみましょう

・・

組織内で、より情報がオープンになるように働きかけたいと思いますか？

- 自ら率先して、考えていることを率直に共有してみましょう。また、同じようにしているメンバーがいたら、それに気づき、承認するようにしましょう
- 組織の戦略や計画などの情報を、広く共有するようにしましょう
- 隠し事のないマネジメントを心掛け、財務的なデータをすべてのメンバーと共有しましょう
- 「これからについて」のカンバセーションを継続的に行い、皆が全体像を理解できるようにしましょう
- フィードバックやコーチングを他者に対して提供すると同時に、自らも受ける側となって、皆のお手本になるようにしましょう

好奇心

　好奇心は効果的なキャリア・カンバセーションを促すだけでなく、成長を促進するカルチャーを生み出します。たとえば、リーダーがメンバーとのやりとりの際に、純粋な好奇心をもって接しているとき。異なる視点を得ることが、単なる話し合いのテーマではなく、対話を行うそもそもの目的であるとき。他組織では何かと質問ばかりしてきて厄介者扱いをされている人が、こちらでは高い評価を受けているとき。日常的にリスクを取るようにいわれ、結果的に物事が計画通りに進まなくても処罰されないとき。こうしたときに、成長を促進するカルチャーが育まれていることを感じるでしょう。

試してみましょう

・・

組織内で、好奇心を高めるような働きかけをしたいと思いますか？

- カンバセーションの中で、自分が意見を述べることよりも、相手へ問いを投げ

かける比重を増やすようにしてみましょう

● 積極的に、かつ周りからもわかるように、人とは違う意見をもつ人を見つけたり、わざと反対意見を言うような人を歓迎しましょう

● 人や状況をまっさらな目で見る努力をしましょう

● リスクを冒してチャレンジしてうまくいかなかったことも、きちんと称賛し、そこから学べることを見つけようという姿勢で振り返りを行いましょう

●「もし〜だったら？」「こうしてみたらどうだろう？」「どうしたら〜できるだろうか？」といった可能性を探求するような問いのレパートリーをたくさん増やしましょう

成長プロセスに対する寛大さ

今日のような、成果を毎時間モニタリングできたり、「ロングターム」というと来週のことを指したりするような環境にいると、成長プロセスに対する寛大さが不足しがちです。しかし、キャリア開発を絵に描いた餅にするのではなく、リアルに実践していくマネジャーやリーダーは、今より少し長期的な視点をもつことの大切さを理解しています。すぐに決着をつける必要がなく、時間を掛けて、思考やアイデア、可能性が自然に浮かび上がってくるのを待つことができるのです。そうしたマネジャーやリーダーは、誰もがそれぞれのスピードで、それぞれの道をたどって成長するということを理解し、柔軟に対応することができるのです。柔軟性、責任（コミットメント）、一貫性が、こうしたカルチャーのキーワードです。

試してみましょう

自組織内で、成長プロセスに対する寛大さを高めたいと思いますか？

● 自分自身も、そして周囲のメンバーとも、長期的なキャリア・ゴールと、より短期に対応が迫られているビジネスニーズのバランスを取るように心掛けましょう

- 間違いや失敗も、学習プロセスの価値ある一歩として歓迎しましょう
- 一度にまとめて多量投薬を行うよりも、小さくても、継続的に時間を掛けて行う「持続放出型」の育成アプローチを取りましょう
- すぐに次のステップを勧めるのではなく、メンバーが不安なく今のスキルを発揮できるようになるまで待ちましょう
- 育成に必要な資金を確保し、優先順位を高めて、きちんと使えるように取っておきます。毎期必ず、です

結果へのフォーカス

　育成というのは、全体像を見ることです。私たちは何を成し遂げようとしているのか、私たちのゴールは何だろうかという広い意味での結果（What）に焦点を当てましょう。そして、その達成方法 (How) についてはメンバーに任せ、合理的な範囲内でマネジャーができるだけ手放してみると、メンバーは実験したり、新たな才能やスキルを試したり、同じタスクにも違ったアプローチをしてみたりしながら、能力を高めていくことができます。How ではなく、What を中心に共有してくれるリーダーがいると、メンバーが How を考える際に、より柔軟で創造力をもって取り組むことができ、成長の仕方が無限に広がります。

試してみましょう
・・・

自組織内で、結果へフォーカスする意識を高めていきたいと思いますか？

- どうしたら最も良い形で組織目標を達成できるか、定期的にメンバーに問いかけてみましょう。そして、メンバー自身がアイデアを試すことができるように権限と裁量を与えるようにしましょう
- プロセス改善のために新たな手順やシステム、ツールを生み出す必要があるときは、実際にその仕事に取り組んでいるメンバーに積極的に任せてみましょう
- メンバー主導の取り組みやイノベーションの事例があれば、歓迎し、そうした取り組みを奨励しましょう

- 求められている結果をもたらすような仕組みやアプローチであれば、それがこれまでと異なるものであっても、オープンに試してみましょう

組織・チームの境界の曖昧さ

　キャリア開発を大切にするカルチャーをもつ組織において、リーダーの多くは、組織間の境界を非常に曖昧に認識しています。それは問題ではなく、むしろ曖昧であることは良いことなのです。というのも、こうしたリーダーは、部門や部署間にきっちりとした境界線を引いてしまうのではなく、異なる部門や部署との境界を曖昧に認識しているからこそ、コラボレーションの機会を見出そうとするのです。また、「我々」と「彼ら」といった分断よりも、全員が同じゴールを目指す仲間であると考えています。自分のことばかり考えるのではなく、事業のことを考えているのです。こうしたリーダーは、メンバーが学び、貢献し、成長する機会を、自身の担当分野にこだわらずに見つけようとすることで、積極的に育成のカルチャーを推進しています。人事異動にも積極的で、本人の成長のためなら、自分のチームから優秀なメンバーが異動していなくなってしまっても構わないと考えています。そうしたプロセスを繰り返し、誰にもまねできない評価、カルチャー、組織をつくることができるのです。

試してみましょう
・・

部署間の境界線をより曖昧にしていきたいと思いますか？

- 他事業部の仲間と知り合い、彼らがどのように組織に貢献しているのか、どんな困難に向き合っているのか、知る機会をもちましょう
- 自分が言うこと、することすべてに、他のリーダーへのリスペクトを込めましょう
- 自チームのメンバーが、できるだけ頻繁に他部署の仕事に触れられるようにしましょう
- ほんの少しでも、縄張り主義や他部署との競争意識が芽生えたら、それが大きくなる前に対処しましょう

- 自チームのメンバーに成長機会を提供してくれそうな他組織のリーダーを探して、コラボレーションしてみましょう

　上記のような特性をもった組織は、キャリア開発に真摯に向き合っている組織です。キャリア開発がカンバセーションを積み重ねて、時間を掛けて実践されていくように、カルチャーも、メンバーの成長を大切に思うマネジャー一人ひとりの絶え間ないコミットメントのもとで、時間を掛けて育まれるものです。まさにこれが、組織が必要としていることであり、そこで働く人一人ひとりが欲しているものでもあるのです。

もしも…

- あらゆる階層の誰もが、キャリア開発に責任をもてるようになったら？
- 人材が組織全体のリソースとして認識されたら？
- 重要なビジネス指標と同様に、キャリア開発も進捗を追いかけ、組織に報告されるようになったら？
- 育成が組織内外の優秀な人材を引きつけるための秘密兵器となったら？

CONCLUSION

多様で本質的な成長のあり方

　メンバーの育成はマネジャーの重要な役割でもありますが、それ以上の意味があります。誰しも、スケジュール調整や評価面談のような事務手続きをやるために、マネジメントの仕事を引き受けるわけではありませんよね。自分自身の成長やキャリア・ゴールを思い描き、組織やメンバーの人生をより良くしていきたいと思うからこそ、今、マネジャーの仕事を頑張っているのではないでしょうか。

　変化をもたらす方法はたくさんあります。

> キャリア開発は、組織やメンバーの人生に
> **大きなインパクト** をもたらします。

シンプルに、話をしましょう

　今の時代、一人ひとりが自分のキャリアに責任をもつものだということは理解しています。しかし、マネジャーがカンバセーションを通してできることは、まだたくさんあるのです。メンバーとただ話をするだけで、一人ひとりの目標を明らかにしたり、勇気づけたり、主体性を解放し、満足のいく結果を得ることができるのです。**マネジャーとして、目的や意図をもってメンバーと関わるようにしましょう。**

一人ひとりのキャリアを通して、常にメンバーのことをもっと知ろうとしましょう

　そして、メンバーが自分自身のことをより理解するためのサポートをするようにしましょう。メンバーに対して純粋に関心をもつということは、なおざりにされがちですが、関心をもつことで、メンバーは組織に親しみをもち、定着

率が高まり、成果にもつながっていくのです。「これまでについて」のカンバセーションを通して、その人がどんな人なのか、その人がもっているスキルや興味、価値観はどんなものかをよく知ることで、育成のための土台を築くことができるでしょう。**メンバーと話すことをやめないでください。**

「これからについて」のカンバセーションを推奨し、そのような会話が起こる環境づくりを心掛けましょう

　「これからについて」のカンバセーションで明らかになったことを踏まえて、メンバーそれぞれが得意なこと、好きなこと、どんなふうに働きたいのかを、あらためて眺めてみるようにします。メンバーが、自らが置かれている環境を知り、ビジネスや時代の流れを読み、生かすことができそうな機会を見つける力を高めることができたら、キャリア開発を進めていく準備が整ったといえるでしょう。**未来を見据える目を養いましょう。**

「これまでについて」と「これからについて」のカンバセーションから得られた「インサイト」を活用しましょう

　「これまでについて」と「これからについて」の両者が重なるところを明らかにする手助けをしましょう。日々変化する仕事の中で、メンバーがやりたいことを実践できるところに、成長の機会があります。「これまでについて」と「これからについて」が交差するところを深堀りし、「インサイト」を明らかにするのです。

キャリア開発や成長機会をより広い視野で捉えましょう

　キャリアを推進していく方法は、上方向（昇進）しかないと思いがちです。ボルダリングの考え方をよく理解し、広めていきましょう。**成長は、上下横、あらゆる方向に起こるのです。**

メンバーが「何になりたいか」ではなく、「何をしたいか」に焦点を当てられるよう、支援しましょう

　役職や役割を目標にした成長というのは、もともと限界があるのです。そのポジションに空きがなければ、成長できないのでしょうか。メンバーのやりたいことを引き出すことができれば、異動を伴うことなく、成長を支援すること

ができるのです。**今いる場所で成長することも、異動を伴う成長と同じくらい重要であると考えましょう。**

キャリア・ゴールに向かうためのアクションを探求するプロセスを支援しましょう

　アイデアや目標から始めるのはよいのですが、メンバーが教育・人との関わり・経験といった成長機会を認識し、最大限活用できるよう支援することが大切です。常に機会を探し続けるクリエイティビティや戦略的に計画を練る力、継続的なカンバセーションがなければうまくいきません。**一連のプロセスを支援するのです。**

メンバーの成長支援を日常的に実践できる方法を探しましょう

　年に一度、決められた時期に面談を行うまで、キャリアについて話すことがなければ、マネジャーもメンバーも、キャリア開発に対するモチベーションが下がったり、いつでもどこにでも転がっている機会を見逃すことになってしまいます。キャリア・カンバセーションのエッセンスを日常の仕事の中に取り入れていくことで、いつの間にかそれがカルチャーになっていきます。**日々の仕事の中で成長するのです。**

> キャリア開発は、
> エンゲージメントや定着率、成果を高めるのに
> 非常に **高い効果** を発揮するにもかかわらず、
> 最もマネジャーに活用されていないやり方です。

良いカルチャーを生み出すために、できることから始めましょう

　その後のキャリアに生きる、本当の意味での成長を支えることができる環境をつくりましょう。そして、他のマネジャーと議論し、そのようなカルチャーにおいて重要な特徴を明らかにします。メンバーや組織のために、マネジャー同士で切磋琢磨し、フィードバックを送り合いましょう。**カルチャーを変えていくのです。**

「てこ」が便利なのは、小さな力で大きな変化を起こすことができるからです。どこから始めるべきか迷っているなら、どこからでもよいというのが正しいでしょう。何かしら（それが何であっても）行動に移すことが、大きなパワーに変わります。できるところから、小さく始めましょう。

以下のようなアクションから、1つ選んで取り組んでみましょう。

▶ 来月1カ月をかけて、1〜2名のメンバーと「これまでについて」のカンバセーションを行ってみましょう

▶「これからについて」を、チームで話す時間を確保しましょう

▶ チームのミーティングで、ボルダリング型キャリアの考え方を共有して、どんな反応があるか見てみましょう

▶ 7章の「成長支援のための辞書」をメンバーの前に貼り出し、それを使って、生かせそうな機会について対話してみましょう

▶ その場で、短時間で、メンバーと成長についての対話ができるチャンスを探しましょう

▶ 上記すべてを自身の次のIDPに活用しましょう

もしも…

● たった1つか2つ、考えていることをメンバーに対して今すぐ実践してみたとしたら？

メンバーはきっと**成長**するでしょう。

そして、事業も**成長**し、

あなた自身もきっと成長するでしょう。

謝辞

　第二版の出版は、キャリア開発の価値を理解し、本書を手に取ってくださった多くの読者の皆さまがいなければ実現しませんでした。また、読者の皆さまからのフィードバックやインサイトが、本書の扱うテーマや、成長がより重視される職場環境に関する私たちの理解を深めたことに間違いはありません。

　クライアントの皆さまにも、組織全体に本書のアイデアを共有させていただきました。コンサルティングやプレゼンテーション、研修などの場面で、こうしたアイデアをさまざまな形で実践させていただき、再度理解を深め、新しく違ったやり方での導入方法などを考えさせられる機会となりました。そうしたクライアントからの信頼とコラボレーションに、この場を借りて感謝の意を表したいと思います。

　これまで長年の仕事の中でご縁があった、多くのマネジャーやメンバーにも感謝を述べたいと思います。皆さまの経験や率直な意見、知恵が、時間を掛けて私たちの心に刻まれ、この本の1ページ1ページが生み出されることになりました。

　本書をスペイン語、ポルトガル語、中国語、ロシア語、ペルシア語の読者にも届けてくださった、海外の出版社の皆さまも忘れてはなりません。本書のアイデアを広め、世界中の方々の成長を支え、つながりを生み出してくださったことで、私たちも世界をより身近に、また温かく感じることができました。

　また、私たちの「オリジナル」メンバー、初版の出版に力添えをしてくれた同僚や友人にも、引き続き深い感謝を表したいと思います。キャリア・システムズ・インターナショナル（現タレント・ディメンションズ）のアン・ジョーダンは、キャリア開発の専門的知見や創造性あふれるエネルギー、広い視野をもった思考で支えてくれました。デザイン・アラウンズのカレン・ヴォロシンは、構想段階から関わり、本書のコンセプトやコンテンツ、競合分析、マネジャーに対する深い理解や情熱などを私たちに提供してくれました。リンジー・ワトキン

ス、ロリアン・スピークス、リズ・プライスは、これまでも（そしてこれからも）かけがえのないパートナーであり続けます。ナンシー・オースティンによって巧みにつくり上げられた本書のデザインは、ジェニファー・パピノーによって磨きをかけられ、第二版のためにいくつか挿絵が追加されました。また、私たちが最初に出会うきっかけとなった共通の友人、ジュディー・エストリンには、感謝してもし尽くせません。

　上記はどれもスティーブ・ピエルサンティやベレット・コーラー社の編集チームの励ましとサポートがなければ、成り立ちませんでした。私たちが優秀なマネジャーについて書くとき、それはスティーブがモデルとなっています。本質的で、真っすぐで、優しさや好奇心にあふれ、かつ謙虚な彼のリーダーシップ・スタイルは、周囲の人を勇気づけ、素晴らしい成長や成果を生み出しています。スティーブにチームを率いてもらえたことに感謝の気持ちでいっぱいです。そして、第1版と変わらない、ベレット・コーラ社の愛と関心、支援に感謝申し上げます。

　長期に渡り、私たちの成長を近くで支え続けてくださった人々には、最も深い感謝を表明しなければなりません。チーム・ジュリオーニは、このプロジェクトが始まった当初からジュリーを支え続けてきました。ピーター、ジェナ、ニック、ダイアンは、何時間もまだ生煮えのアイデアに耳を傾け続け、自分自身の経験を共有してくれ、途中であきれた表情をするのは、たったの数回に済ませてくれました。カレン・ヴォロシンは、ジュリーやデザイン・アラウンズ社のクライアントとパートナーを組み、いつも新しくて効果的な学習方法を編み出してくれました。そして、ローリー・チャタムは、執筆に専念できる環境を整えてくれました。

　チーム・ケイも同様に私たちを支え続けてくれました。キャリア・システムズ・インターナショナルの仲間は、世界中で本書の内容を伝えることでメッセージに磨きをかけ、オーディエンスから得た具体的なフィードバックを持ち帰ってきてくれました。サイル・ジョンソンやリン・コワートは、このチームを喜んで率いてくれ、この取り組みを成功に導くために時間と労力を割いて、ビバリーを支援してきました。そして、もちろんバリー、リンジー、ジルも、困難な局面においてビバリーに手を差し伸べてくれました。バリーは夜中にビバリーの落書きと格闘し、ロキシーも1つひとつの過程をサポートしてくれました。

　最後に、私たちお互いに対しても感謝を表したいと思います。私たちはまっ

たく異なる人格ですが、成長や育成に対する熱意を同じようにもっています。本書の制作にあたって、共に取り組んだことで、互いの成長に貢献することができました。これからは、互いがそれぞれの道を歩むときです。

著者について

Photo: Michael Newan Photography

ジュリー・ウィンクル・ジュリオーニ(左)と
ビバリー・ケイ(右)

ビバリー・ケイ博士

Dr. BEVERLY KAYE

　ビバリー・ケイ博士は、個人、マネジャー、組織が、一人ひとりの成長を支援し、エンゲージメントや組織への定着率を高める取り組みの原理・原則を押さえることへの支援と貢献をしてきました。また、この分野における専門家として国際的に認知されています。彼女の著書や教材は時代を超えて愛され続けており、ATD（Association for Talent Development）からは Lifetime Achievement Award 2018、ISA（Association of Learning Providers）からは Thought Leader Aaward 2018 の表彰を受けています。

彼女のキャリア開発に関する知見は、何十年にもわたってタレント開発の専門家に活用され続けてきました。フラットで無駄のない組織が、個人のキャリア開発に及ぼす影響を早くから予見し、成長を支え合う組織カルチャーをつくるという構造的なアプローチを提唱しました。また、キャリア開発で、まだあまり探求されていなかった分野にも変革をもたらしました。『Up Is Not the Only Way』(2017) では、キャリア・モビリティについて解説し、マネジャーやメンバーがすぐに実践できるアクションが詰まったガイドブックを提供しています。そこでは、従来の「はしご型」キャリア以外の選択肢にも着目しています。こうしたエンゲージメントやリテンションに関する彼女の知見は、現代に働く人々に実践的な戦略を提供し続けています。『Love 'Em or Lose 'Em』(2014) やその対となる『Love It, Don't Leave It』(2003) は、多くの企業で愛読されており、『Hello Stay Interviews, Goodbye Talent Loss』(2015) は、メンバーの離職を食い止めたいマネジャーに向けて書かれています。

　ビバリーは、キャリア・システムズ・インターナショナル社 (Career Systems International) を立ち上げ、最近、主要メンバーにその運営を譲りました。組織はタレント・ディメンションズ (Talent Dimensions) という名前で生まれ変わり、彼女の打ち出した思想をさらに広め、実践しています。ビバリーはニュージャージー州出身。現在はカリフォルニア州シャーマン・オークスに住み、45年連れ添った元ロケット科学者のバリーの妻であり、成人した娘のリンジー、そしてこちらも成人した犬のロキシーの母でもあります。

ジュリー・ウィンクル・ジュリオーニ
JULIE WINKLE GIULIONI

　ジュリー・ウィンクル・ジュリオーニと彼女が率いるデザイン・アラウンズ社 (DesignArounds) では、メンバーの育成、エンゲージメント、リテンション、収益を強化するパフォーマンス向上のソリューションを生み出しており、賞も受賞しています。Inc. マガジンによるリーダーシップのトップスピーカー100としても名を連ねているジュリーは、ロシア、中国、リトアニアといった国々を渡り歩き、世界中のリーダーの成長を支援しています。スピーカーとしても引っ張りだこで、創造力豊かなインサイトや、行動変容につながる実践的なヒ

ントを日々提供し続けています。

デザイン・アラウンズ社を立ち上げる前は、アチーブ・グローバル社 (AchieveGlobal) で製品開発を担当しました。マーケティング、制作、インストラクショナル・デザイン、製造といったクロス・ファンクショナルで、かつ国をまたいだチームをまとめ、世界中の何万という組織に活用されるような製品の開発から制作、ローンチまでを指揮していました。それ以前は、複数のトレーニング・マネジメントの仕事に就き、ウッドベリー大学 (Woodbury University) で教授として教鞭を執りながら、学科長としても勤務しました。The Economist、The Conference Board、SmartBrief といった出版物にも頻繁に寄稿しています。彼女がこれまでに残した功績には、Human Resource Executive Magazine のトップ 10 トレーニング・プロダクツ、World HRD Congress の Global HR Excellence Awards、New York Film Festival、Lguide の「e-learning at its best」などがあります。

プライベートでは、コミュニティ活動に積極的に参加しています。彼女は南カリフォルニア出身で、立ってトレーニングを行うのと同じくらい上手にパドルサーフィンができます。夫のピーター、犬のピクセルとともに、南パサデナで暮らしています。

訳者紹介

株式会社ヒューマンバリュー　佐野シヴァリエ有香

　米国ミシガン州立北ミシガン大学政治学部、英国立マンチェスター大学国際開発学部修士課程修了。2年間の在外公館派遣員を経て、人が働くことや組織が存在する意味に関心をもち、株式会社ヒューマンバリューに入社。

　働く人々がその人らしく周囲と関わり、チームや仲間とともに価値を生み出していくプロセス支援に取り組んでいる。クライアント企業の取り組みに対する支援に加え、社内における採用活動を通じた「互いの成長を支え合うカルチャーづくり」にも、仲間とともに取り組み、社内外での実践に力を入れている。

　また、研究活動や出版事業にも携わり、直接関わることがなくても、想いをもって組織や個人の変革に取り組んでいる方々に、ヒューマンバリューが大切にしている哲学や知見を生かしていただけることを願っている。

Berret-Koehler Publishers, Inc.
1333 Broadway, Suite 1000 Oakland, CA 94612-1921
Tel: (510) 817-2277   Fax: (510) 817-2278   www.bkconnection.com

Translation copyright © 2020 by Human Value, Inc. All Rights Reserved.

Japanese translation rights arranged with Berret-Koehler Publishers, Oakland, California through Tuttle-Mori Agency, Inc., Tokyo

会話からはじまるキャリア開発
― 成長を支援するか、辞めていくのを傍観するか

2020 年 8 月 29 日　初版第 1 刷発行
2020 年 12 月 21 日　初版第 2 刷発行

著　者⋯⋯⋯ ビバリー・ケイ
　　　　　　ジュリー・ウィンクル・ジュリオーニ
訳　者⋯⋯⋯ 株式会社ヒューマンバリュー

発行者⋯⋯⋯ 兼清俊光
発　行⋯⋯⋯ 株式会社 ヒューマンバリュー
　　　　　　〒102-0082 東京都千代田区一番町18番地 川喜多メモリアルビル3階
　　　　　　TEL：03-5276-2888（代）　FAX：03-5276-2826
　　　　　　https://www.humanvalue.co.jp/wwd/publishing/books/
スタッフ⋯⋯⋯ 市村絵里、佐野シヴァリエ有香、齋藤啓子、神宮利恵
翻訳協力⋯⋯ 御宮知香織、川口大輔
装　丁⋯⋯⋯ 株式会社志岐デザイン事務所　小山巧
制作・校正 ⋯ 株式会社ヒューマンバリュー
印刷製本⋯⋯ シナノ印刷株式会社

落丁本・乱丁本はお取り替えいたします。
ISBN 978-4-9911599-1-6

ヒューマンバリューの出版への思い

株式会社ヒューマンバリューは、人・組織・社会によりそい
ながら、より良い社会を実現するための研究活動、人や企業
文化の変革支援を行っています。その事業の一環として、組
織変革・人材開発の潮流をリサーチする中で出会ったすばら
しい理論・方法論のうち、まだ日本で紹介されていない重要な
ものを書籍として提供することにしました。

翻訳にあたっては、著者の意向をできるだけ尊重し、意味の
ずれがないように原文をそのまま活かし、原語を残す形でまと
めています。

今後新しい本が出た場合に情報が必要な方は、
下記宛にメールアドレスをお知らせください。
book@humanvalue.co.jp